4つの力がぐんぐん伸びる！
韓国語 中級 ドリル

読む　書く　聞く　話す

キム スノク

金智英

杉山明枝

＃はじめに

「韓国語を学ぶ上で何かお悩みは？」

　こんなふうに尋ねられたら、どうお答えになりますか？　多くの方が「語彙が思うように増えない」「いつまでたっても聞き取りが上達しない」「検定試験に合格できなかった」といったお悩みを抱えていらっしゃるのではないでしょうか？　長年こつこつと勉強を続けてこられた学習者の中にも「これまでの学習法に自信がない」という方が少なくありません。そのような皆さんに、私たちなりの答え＝学習法を示したいと思って、本書を執筆することにしました。

　本書で重視するのは「速度」です。「速く読み解き、一度で聞き取る」を目指します。加えて「書く」「話す」能力向上のための練習にも力を注ぎ、4技能と呼ばれる「読む、書く、聞く、話す」の4つの力をバランスよく伸ばすことができます。

　1日目に「読解」を選んだのは、多読が語彙を増やす最善の方法であるとともに、言語の構造を血肉化し体得するのにもってこいの方法だからです。楽しく学習を続けられるように、韓国の現代社会を映し出す興味深いテーマを選びました。そして「速読」を身に付けるために制限時間付きの問題を用意しました。最初は戸惑うかもしれませんが、次第に素早く文の大意や主旨を把握できるようになるはずです。

2日目の「聞き取り」は1日目と同じ文章を使って行います。「聞き取れない」には2つの場合があります。文章を読んでも即座に理解できない(語彙、文法が不十分)場合と、文章の意味は分かっているのに聞き取れない、スピードについていけない場合です。1日目に文章を読解する学習をしているので、後者に効果てきめんのシャドーイングや音読練習で聞き取る力を養うことができます。また、文章に関する質問に答えたり会話練習をしたりと、話す力を養うための練習もあります。

　こうしたトレーニングはとても根気の要る地道な作業のため、最初は「なかなか読むスピードが上がらない」「基本的な単語も聞き取れない」と心が折れそうになる時があるかもしれません。しかし諦めずに、本書と共に「読む、書く、聞く、話す」の練習をこつこつ続ければ、必ず成果が現れ、皆さんの自信につながることでしょう。本書が皆さんの学習の助けとなれば、これ以上の幸せはありません。

파이팅!

著者一同

キム スノク先生　　金智英先生　　杉山明枝先生

＃この本の概要

この本は…

　韓国の日常生活や社会現象などをテーマにした文章を、２日間かけて、さまざまな角度から取り組むことにより、「読む、書く、聞く、話す」の４つの力を効率的にバランスよく伸ばすことができるドリル形式の一冊です。

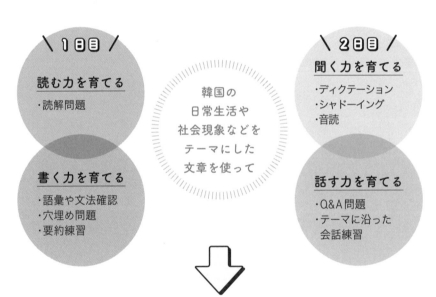

\１日目／
読む力を育てる
・読解問題

書く力を育てる
・語彙や文法確認
・穴埋め問題
・要約練習

韓国の
日常生活や
社会現象などを
テーマにした
文章を使って

\２日目／
聞く力を育てる
・ディクテーション
・シャドーイング
・音読

話す力を育てる
・Q&A問題
・テーマに沿った
　会話練習

韓国語を中級から上級へ
総合的にレベルアップさせることができます！

「簡単な会話はできるが、本当に言いたいことが言えない」

「何となく聞き取れるが、細かい部分までは理解できない」

「ニュースなどの難しい文章が苦手」

「TOPIKで作文が書けない」

「検定では文章を読んでいるうちに、いつも時間切れ...」

　中級学習者のレベルアップ、TOPIKやハングル検定の上級合格に定評のある韓国語講師たちによって作られたこの本には、中級を突破し上級へ向かうためのノウハウ、飽きずに続けられる多彩な問題がぎっしりと詰め込まれています。そして中級学習者を悩ますさまざまな問題を解決し、最終的にはTOPIK6級（＝最上級）に挑戦できる総合的な韓国語力を身に付けることができるのです。

　さっそく次のページの「この本の使い方」を読みながら、「テーマ01」の文章に取り組んでみましょう。使い方はもちろん、なぜこのような問題を解くのか、なぜこの練習が効果的なのかなどが書かれていますので、この本が中級韓国語学習に効果的な理由を体感できるでしょう！

＃この本の使い方

この本を始める前に準備するもの

ノート＆筆記用具

この本は、問題を解いたり、音声を聞いて書き取ったりしますが、本に直接書き込む仕様にはなっていません。専用のノートを1冊準備し、そこに書くようにしましょう。

**スマートフォンや
パソコンなど**

この本の音声マーク ↓ DL 00 があるところで、学習に必要な音声をスマートフォンなどのmp3が再生できる機器にダウンロードして聞く必要があります。下記よりダウンロードしてください。

**音声ダウンロードページ（パスワード：chukyu_d）
https://www.hanapress.com/archives/11711**

ストップウオッチ

この本は、「○分以内で」という指示が出てきます。
そのために、ストップウオッチや時計など、時間を測れるツールを準備してください。

がんばる気持ち

中級韓国語をものにして、さらに高いレベルを目指すのは、簡単なことではありません。しかし、上達したいという気持ちがあれば、この本は、頑張るあなたの良き伴走者になるでしょう！

「テーマ01」の文章（P.016）を一緒にやってみましょう！

1日目 読む力、書く力を伸ばす！

　文章を読むためには語彙力が必要ですが、知らない語彙に出合ったとき、分からないからといって読むことを放棄せず、諦めずに読み進めていく気持ちこそが読解力向上の鍵です。全体の流れ、そして前後の語彙から意味を推測する力を、多くの文章を読みこなしながら養いましょう。
　そして、分からない語彙や文法項目を把握し、それらを使って「書く」訓練をすることで、確実に習得できます。1日目は、これらの訓練が順を追ってできます。

これから読む文章の内容を推測する

　１日目の勉強の始まりです！　まずは文章の
タイトルと、テーマに関連した「つぶやき」を読
みましょう。分からない韓国語は日本語訳を読
んで、これから取り組む文章の内容を想像して
みましょう。学習記録には、学習した日付や、
１日目を学ぶのにかかった時間を記録しておき
ましょう。

文章のタイトル　　　　つぶやき

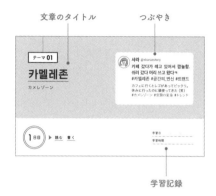

つぶやきには、スラングや
略語など、SNSで見られる
言葉も使われています。併
せてチェックしましょうね。

学習記録

手順2　文章を読む

　学習の要となる文章を読んでみましょう。読
む時間は２分が目安です。分からない単語は、
前後の単語を見て 意味を推測するなどして、
読み進めましょう。

※①〜③の数字がついている語彙がありますが、これは後から文
法解説のある部分を示したものです。

1　本文を読む (2分以内)

次の文章を2分以内に読み、(1)(2)を解いてください。

　현대의 새로운 소비 트렌드로 주목받고 있는 '카멜레존'은 몸의 색을 자유로이 바꾸
는 '카멜레온'과 공간을 뜻하는 '존(zone)'을 합친 단어이다. 특정한 소비 공간의 용도
를 변화시키거나① 협업, 공유 등을 통해 새롭고 다양한 정체성을 가진 공간으로 진화
시키는② 트렌드를 의미한다.

　카페와 레고 샵이 협업한 북카페에서는 커피를 마시며③ 레고를 조립하거나 책을 읽
을 수 있다. 이 밖에도 은행과 편의점, 코인 세탁소와 카페의 결합 등 고유의 공간이
서로 다른 콘텐츠의 결합으로 소비자에게 신선함과 만족감을 제공한다.

　이러한 카멜레존이 등장한 이유는 온라인 채널이 제공하지 못하는 오프라인 채널의
강점을 활용할 수 있기 때문이다. 한 유통업계 관계자는 전혀 다른 기능이 한 공간에
공존하는 카멜레존은 다양하고 새로운 문화 체험과 정서적 경험을 소비자에게 제공하
는 이점이 있다고 분석했다.

　到底２分で読めないという人は、意味の分からない語彙や文法でつまづいて
しまったためではないでしょうか。まずは自分のペースで読み、必ず「手順４」
で語彙や文法の意味・用法を確認して習得するようにしてください。こうし
た地道な学習を繰り返しながら、読み進めるうちに、読むスピードが次第に
速くなり、目標の「2分以内」をクリアできるようになるでしょう。

手順3 文章の理解度をチェック

さて、読んだ文章をどのくらい理解できているか、問題を解いてチェックしてみましょう。問題を解くときは、できるだけ本文を見ないようにします。本文の内容を一度で頭に入れる、というのを習慣化するためです。問題を解いた後は解答と日本語訳をチェックします。

文章の理解度を高めるためには、文章の中から「筆者が最も伝えたいこと(主旨)」を読み取る力が必要です。ただ漫然と読むのではなく、練習問題を通して、主旨を読み取る力を身に着けていきましょう。

難しすぎて答えが分からない、間違ってしまったという人は、「本文の大まかな流れを確認しましょう」を読みます。そして手順4、5の学習後、改めて文章を読み、問題を解きましょう。前よりも理解度が上がっているはずです!

手順4 分からなかった語彙と文法をチェック

「語彙」は文章に登場した語彙の中から、読解の際のキーポイントとなるものを抽出し、日本語訳や注釈を付けました。音声で発音を確認する際、1回目はまねして発音しながら目で意味を確認します。2回目は見ないで音声を聞いたら日本語で意味を言う練習をする。これを繰り返すことによって単語は楽に覚えられます。

「文法」は、文章中に①~③で示したものについて解説しています。中級レベルの学習者が知っておくべき項目をセレクトしてあります。

※用言語幹が付く語尾は「-」で、名詞が直接付く語尾や助詞は「~」で示しました。

分からなかった語彙や文法があれば、ノートに書き出すなどして、覚えるように努めましょう。

手順5 仕上げの問題で、書く力を付ける

仕上げの問題(1)(2)を解くことで、手順4で確認した「語彙」と「文法」がしっかり身に付いているか確認し、文章を書く力を付けることができます。語彙や文法は単独で覚えるよりも、文章の中で覚えた方が効果的です。

問題を解くためには、韓国語を読み意味を把握する必要があるので、分からない単語は辞書で調べながら解きましょう。(2)では必要に応じて指定の語尾を活用させる必要があるので、それが難しい人は解答を見ながら、語尾の活用方法を知ることも有効な学習方法です。

（1）（2）どちらの問題も、解くときはノートに韓国語の文章と併せて、日本語訳を考えて書き、「解答」で答え合わせをしましょう。

仕上げの問題(3)は1日目のこれまでの学習の総仕上げとも言える問題です。韓国語の文章や語彙・文法など、1日目に学んだ知識を駆使し、提示された韓国語のヒントを参考に、日本語で書かれた要約文を韓国語で書きましょう。

韓国語の文章を書く力を養うことに加え、文章を要約するこつを学ぶことができます。

「解答と日本語訳」には、解答例が載っています。あくまでも例であり、文法的に間違っていなければ許容される他の解答もありますので、これまでに学んできた韓国語の知識を総動員して、挑戦してみましょう！

2日目 聞く力、話す力を伸ばす！

　2日目は、1日目に学習をして理解を深めた文章を使って、聞く力、話す力を伸ばすためのトレーニングを行います。

　どんなに多くの音声を聞き流しても、聞き取りの力はつきません。聞き取りの力を付けるには、耳から入ったネイティブの発音と文字を結び付ける訓練をしなくてはなりません。ひと言でいえば、あなたの脳に韓国語の音声システムを作り上げる訓練です。2日目はこの訓練を、さまざまな課題を通して行います。

　そして最後には、2日間で得た知識とスキルを総動員して、自分の口から韓国語をアウトプットできる問題を用意しています。

手順1　ディクテーションに挑戦

　（1）は、文章を見ずに音声を聞き、ディクテーションする課題です。ディクテーションとは文章を見ずに音声を聞き、聞き取れた語句を書き取ることですが、ここでは文章全てを丁寧に書き取る必要はなく、長い文中のポイントを忘れないようにメモして、全体の意味を推測できるようにすることが目的です。

　文章が長いので段落ごとに（それも長いと感じる人は一文ごとに）音声を止めて聞き取れた単語をメモします。それを3回繰り返し、2回目以降は1回目で抜け落ちた情報が聞き取れるようにします。段落ごとにこの作業が終わったら、メモした語句をつなげて文の意味を推測してみましょう。

　（2）では、（1）で書き取った際に、どうしても聞き取れなかった部分にアンダーラインを入れ、可視化します。そして音声を聞きながら一息で読む切れ目に斜線を入れる作業をすることで、次の手順で行う課題の準備をします。

> 聞くときは黙って聞くのではなく、音声をまねしながら聞いた方が記憶に残り、書きやすくなりますよ！

手順2 聞き取るためのトレーニング

まず行うのは（1）シャドーイングです。シャドーイングとは、耳から入る音声をほぼ同時に自分の口で忠実に"まね"しながら発音する作業のことです。シャドーイングを繰り返すことで、脳が音声に対応できるようになるだけでなく、韓国語の言語センスが養われます。多くの文を繰り返しシャドーイングすることで、言葉の流れや構造が脳に蓄積されるからです。結果スピードについていけるようになりますし、話す力も向上します。

段落ごとのシャドーイングが難しいという人は、一文ごとに音声の再生・ストップを繰り返しながら行うと良いでしょう。

次に行うのは（2）音読です。音声は聞かずに文章を見ながら読み上げますが、シャドーイングで正しい音声パターンが脳に刻み付けられたことで、ここで行う音読の精度が上がります。最初はゆっくりマイペースで読み進み、徐々にスピードを上げ、2分以内に読めるようにしましょう。

シャドーイングと音読の仕上げに、（3）聞き取り確認をしましょう。文章を見ないで音声を聞き、手順1で聞き取れなかった部分が聞き取れるようになっているか確認してください。ずいぶんと聞き取れる量が増えていることに気付くでしょう。

それでもなお聞き取れない部分がある場合は、そこを重点的に音読をし、改めて聞き取れるようになったか確認する、という作業を繰り返します。

一度に行うシャドーイング、音読は最低3回、できれば5回、可能であれば10回やればバッチリです！

繰り返しの作業なので、飽きたり嫌になったりしがちですが、必ず力が付くと信じて行うようにしてください。

手順3　仕上げの問題で「自分の考えを話す」力を付ける

　さて、2日目の仕上げには、「話す」力を付けるための問題
が用意されています。

　（1）は日本語の問いを読み、まず声に出して韓国語で答
える問題です。すらすらと答えられましたか？　答えられた
人は、それをノートに書き出してください。答えられなかっ
た人は、自分が話したいと思った答えをノートに書き出して、
それを音読し、すらすらと読み上げる練習をしましょう。

どのように答えたらいいのか分からない人は、まずは解答例を確
認しましょう。音声は「日本語の問い→韓国語の解答例」の順で
流れます。この音声を使って、解答例をシャドーイング・音読し、
自分の答えとしてすらすら話せるように練習できます。

手順4　仕上げの問題で「会話する」力を付ける

　（2）発展会話は、文章のテーマについて男女が会話する
音声を使って、問題を解いたり、練習をしたりします。自
分の考えを話すだけでなく、相手の話をどう受け止め返事
をするのか、話の膨らませ方など、会話のコツがこの対話
文に含まれています。

　まずは、二人の会話を3回聞いて、下線部に入る言葉をノー
トに書きましょう。

下線部が聞き取れなかった場合は、「解答」を確
認して、対話文を完成させましょう。この対話文
を使って、次から会話の練習をしていきます！

次に発展会話を使って、さまざまな練習をしていきます。まずは、すらすらと読み上げられるようにするための①の練習。次に나役 가役になりきって会話を楽しめる②③の練習です。会話とは本来相手がいて、相手のペースにシンクロして話さないといけない難しさがあり、一人で練習するのは困難ですが、②③の練習では音声が相手役をしてくれるので一定の緊張感を維持しながら練習することができます。

そして、④の「日本語レスポンス」は日本語を聞いて瞬時に韓国語に訳すトレーニングです。学習が進めば母語に頼らず日常会話ができるようになります。それでも含蓄のある複雑な内容を話そうとすると、頭の中で母語で考えてしまうことがあるでしょう。よほどの上級者を別にすると、一切母語を思い浮かべないで会話をしようとしたら、使い慣れた表現ばかりの浅い会話になりかねません。そういった意味で、実用上、日本語を瞬時に翻訳する訓練は有用ですので、最後の仕上げに練習してみましょう。

さぁ、これで2日間の学習は完了です。もちろん2日間で終わらない場合は、自分のペースで進めていけば大丈夫です。全20のテーマで書かれた文章を使って、こつこつと学習を続けてください！ 必ず上級への扉が開くことでしょう。

✎ この本をより活用するために

・1日目の冒頭に出てくる「つぶやき」は実際に運営されているツイッターアカウントです。韓国のニュースや文化をテーマを韓国語で読むことができたり、役に立つ学習情報をツイートしています。

https://twitter.com/sharazstory

・この本の文章は「한다(ハンダ)体」で書かれたものが多くあります。巻末に「한다体」がよく分かる付録を付けました(P.218)。参照してください。

・この本でピックアップした「語彙」は全て、巻末にカナタ順で参照できる索引を付けました(P.220)。また、索引には単語の「実際の発音」も併せて表記してあります。

＃もくじ

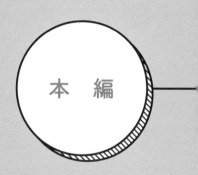

本　編

카멜레존

カメレゾーン

샤라 @sharazstory
카페 갔다가 레고 있어서 깜놀함.
쉬러 갔다 머리 쓰고 왔다ㅋ
#카멜레존 #공간의_변신 #트렌드

カフェに行くとレゴがあってビックリ。
休みに行ったのに頭使ってきた（笑）
#カメレゾーン #空間の変身 #トレンド

1日目　▶　**読む　書く**

学習日　　.　　.
学習時間

1　本 文 を 読 む　⏳2分以内

次の文章を2分以内で読み、**(1) (2)** を解いてください。

　　현대의 새로운 소비 트렌드로 주목받고 있는 '카멜레존'은 몸의 색을 자유로이 바꾸는 '카멜레온'과 공간을 뜻하는 '존(zone)'을 합친 단어이다. 특정한 소비 공간의 용도를 변화시키거나[1] 협업, 공유 등을 통해 새롭고 다양한 정체성을 가진 공간으로 진화시키는[2] 트렌드를 의미한다.

　　카페와 레고 샵이 협업한 북카페에서는 커피를 마시며[3] 레고를 조립하거나 책을 읽을 수 있다. 이 밖에도 은행과 편의점, 코인 세탁소와 카페의 결합 등 고유의 공간이 서로 다른 콘텐츠의 결합으로 소비자에게 신선함과 만족감을 제공한다.

　　이러한 카멜레존이 등장한 이유는 온라인 채널이 제공하지 못하는 오프라인 채널의 강점을 활용할 수 있기 때문이다. 한 유통업계 관계자는 전혀 다른 기능이 한 공간에 공존하는 카멜레존은 다양하고 새로운 문화 체험과 정서적 경험을 소비자에게 제공하는 이점이 있다고 분석했다.

(1) ⏳1分以内

次の選択肢の中から、文章の主旨に最も近いものを一つ選んでください。

① オンラインチャンネルに疲労を感じた消費者がオフラインのトレンドを求め始めた。
② 消費者が情緒的な経験をするために、カメレゾーンのような協業空間が増えなくてはならない。
③ オフラインの長所を利用した空間の活用方法が注目されている。
④ 現代の新しいトレンドは、消費空間の用途を変えることである。

(2) ⏳1分以内

次の選択肢の中から、文章の内容に最も近いものを一つ選んでください。

① 카멜레존이란 두 가지 고유의 공간이 인접해 있는 곳을 의미한다.
② 카멜레존은 온라인에서 체험할 수 없는 경험을 제공할 수 있다.
③ 카페는 다른 고유의 공간과 협업하기 쉬워서 카멜레존에 많이 이용된다.
④ 단순한 고유의 공간의 협업은 소비자에게는 신선함을 제공하지 못한다.

▶本文の大まかな流れを確認しましょう！

　第1段落で、「カメレゾーン」という言葉の紹介と定義がなされているので、この文章のテーマは「カメレゾーン」であることが分かります。読者の方の大半は「カメレゾーン」という言葉を初めて目にしたことと思いますが、このように文章の冒頭で説明されているため、この言葉の意味を知らないからといって焦る必要はありません。
　第2段落では、カメレゾーンの具体例とカメレゾーンの長所、つまりカメレゾーンが消費者に与えるプラスの効果（新鮮さや満足感）を述べています。著者は具体例を通して自身の考えを伝えるため、単なる具体例だと流して読むことのないよう注意しましょう。
　第3段落では、カメレゾーンが登場した理由が述べられています。カメレゾーンがオンライン消費では不可能な情緒的経験を消費者に提供する利点があるということを、流通業界関係者の言葉を引き合いに出し分析しています。このように専門家などの言葉を引用することで、論旨に説得性を持たせ、全体の文章を締めくくっています。

> 間違ったり、分からなかったりした場合は、次ページの **2** に目を通してから、もう一度取り組んでみましょう。

2 語彙と文法解説　⤓ DL 01

□ 새롭다	新しい	□ 조립하다	組み立てる　漢 組立--
□ 주목받다	注目される	□ 소비자	消費者
□ 뜻하다	意味する	□ 신선함	新鮮さ　※신선하다(新鮮だ)
□ 합치다	合わせる　漢 合--	□ 등장하다	登場する
□ 협업	協業、コラボレーション	□ 온라인⇔오프라인	オンライン⇔オフライン
□ 공유	共有	□ 강점	強み、長所　漢 強点
□ ~을/를 통해	~を通して	□ 유통업계	流通業界、流通業者
□ 다양하다	さまざまだ、多様だ	□ 공존하다	共存する
□ 정체성	アイデンティティー　漢 正体性	□ 정서적	情緒的
□ 공간	空間	□ 이점	利点
□ 진화시키다	進化させる	□ 분석하다	分析する

① 用言語幹 + -거나　　~したり

일요일에는 책을 **읽거나** 영화를 **보거나** 합니다.　日曜日には本を読んだり、映画を見たりします。

tips👆 -거나には「~するか」という選択の意味もあります。편지를 쓰거나 전화를 하세요.(手紙を書くか、電話をするかしてください。)

② 名詞 + ~시키다　　~させる（使役）

어머니는 나를 새벽까지 **공부시켰어요**.　母は私に明け方まで勉強させました。

tips👆 시키다には라면을 시켰어요.(ラーメンを注文しました。)のように「（食べ物を）注文する」という意味もあります。

③ 用言語幹 + -(으)며　　~て、~であり（並列）／~ながら、~と同時に（同時進行）

조용하며 교통이 편해요.　静かで交通の便が良いです。（並列）
책을 **읽으며** 밥을 먹어요.　本を読みながらご飯を食べます。（同時進行）

3 仕上げの問題

(1) 下線部に入るものを **2** の語彙から選び、用言は下線部上に示したヒントを参考に活用させて文を完成させましょう。

① 백화점, 대형마트 등의 ＿＿＿＿＿＿＿는 추석 선물 세트 예약 할인전을 진행하고 있다.

② 의류 건조기는 장마철에 ＿＿＿＿＿＿＿받는 가전 아이템이다.

③ 이번 드라마에는 유명 배우가 많이 ＿＿＿＿＿＿＿할 예정이다.

④ 초미세먼지의 독성을 ＿＿＿＿＿＿＿한 결과가 나왔습니다.

⑤ 이번 공연은 각 분야 전문가들의 ＿＿＿＿＿＿＿으로 완성되었습니다.

(2) 下線部かっこ内の単語と下の 表現 を組み合わせ、必要に応じて下線部に示した語尾を接続して文を完成させましょう。

① 주말엔 주로 영화를 (보다) ＿＿＿＿＿＿＿ 산책을 해요.

② 이번 프로젝트는 중요하니까 꼭 (성공) ＿＿＿＿＿＿＿ -아/어야 한다.

③ 그는 큰 소리로 (이야기하다) ＿＿＿＿＿＿＿ 계속 입구를 바라보았다.

> 表現　-(으)며　-려고 하다　-거나　~시키다

(3) 今日読んだ文章を要約したものです。次の語句を使って韓国語に訳してみましょう。

> カメレゾーンは特定の消費空間の用途を変化させたり、**협업하여**(協業して)消費者に新鮮さと満足感を感じさせたりする**새로운 소비 트렌드**(新しい消費トレンド)である。これはオンラインでは経験できない新しい文化体験と**정서적 경험**(情緒的な経験)を提供するという利点がある。

1 本 文 の 音 声 を 聞 く ⬇ DL 02

(1) 文章を見ないで音声を2〜3回聞いて、聞き取れた語句をノートにメモしてください。

(2) 下の文章を見て、**(1)** で聞き取れなかった部分にはアンダーラインを引きます。次に、もう一度音声を聞きながら、一息で読む切れ目に斜線を記入しましょう。

　　현대의 새로운 소비 트렌드로 주목받고 있는 '카멜레존'은 / 몸의 색을 자유로이 바꾸는 '카멜레온'과 / 공간을 뜻하는 '존(zone)'을 합친 단어이다. / 특정한 소비 공간의 용도를 변화시키거나 협업, 공유 등을 통해 새롭고 다양한 정체성을 가진 공간으로 진화시키는 트렌드를 의미한다.

　　카페와 레고 샵이 협업한 북카페에서는 커피를 마시며 레고를 조립하거나 책을 읽을 수 있다. 이 밖에도 은행과 편의점, 코인 세탁소와 카페의 결합 등 고유의 공간이 서로 다른 콘텐츠의 결합으로 소비자에게 신선함과 만족감을 제공한다.

　　이러한 카멜레존이 등장한 이유는 온라인 채널이 제공하지 못하는 오프라인 채널의 강점을 활용할 수 있기 때문이다. 한 유통업계 관계자는 전혀 다른 기능이 한 공간에 공존하는 카멜레존은 다양하고 새로운 문화 체험과 정서적 경험을 소비자에게 제공하는 이점이 있다고 분석했다.

2 聞き取りトレーニング

(1) シャドーイング

段落ごとに分けた音声 **⬇ DL 03~05** を使ってシャドーイングにチャレンジしてみましょう。（各段落目標3~5回）

第1段落
1回目	2回目	3回目	4回目	5回目

第2段落
1回目	2回目	3回目	4回目	5回目

第3段落
1回目	2回目	3回目	4回目	5回目

(2) 音読 ⏳2分以内

文章を見ながら全体を音読します。最初は自分のペースでOKです。2分以内で読めるようになるまで音読しましょう。（目標5~10回）

1回目	2回目	3回目	4回目	5回目	6回目	7回目	8回目	9回目	10回目

(3) 聞き取り確認

最後に文章を見ないで音声を聞き、**1**の(2)でアンダーラインを引いた「聞き取れなかった部分」を中心に、全て聞き取れるようになったか確認しましょう。聞き取れない部分がまだ残っている場合は、その部分だけを5回程度音読し、さらに全体を流して聞き取れたか確認しましょう。

3 仕上げの問題

(1) 次の問いに、文章を見ずに韓国語で答えてください。また、答える際は、声に出して言ってからノートに書いてください。 🔽 DL 06

① カメレゾーンとはどんな意味を持つ言葉ですか?

② カメレゾーンとして実在する具体例を三つ挙げてください。

(2) 発展会話

「発展会話全文 🔽 DL 07 」の音声を聞き、次の対話文の下線部を埋めて文章を完成させましょう。(目標3回)

가 : 이 북카페 재미있겠다. 카페 안에 레고 샵도 들어가 있대요.

나 : 아, 그 ① ＿＿＿＿＿＿＿＿＿＿ 북카페 말이죠?

가 : 카멜레존? 그게 뭐예요?

나 : 몸의 색을 자유로이 바꾸는 '카멜레온'과 ② ＿＿＿＿＿＿＿＿＿＿ 을 뜻하는 '존'을 합쳐서 만든 단어예요.

가 : 그렇군요. 차 마시면서 책 읽다가 피곤하면 잠시 레고 ③ ＿＿＿＿＿＿＿＿＿＿ 도 하고. 좋네요.

나 : 아무리 ④ ＿＿＿＿＿＿＿＿＿＿ 이 판을 치는 세상이라도 역시 ⑤ ＿＿＿＿＿＿＿＿＿＿ 경험과 휴식을 제공하는 오프라인 채널은 소중한 공간이지요.

次の順番で会話練習をしてみましょう。（各目標3〜5回）

① 「発展会話全文 ⬇ DL 07 」の音声を聞きながら、一緒に言ってみましょう。なるべく本を見ないで、すらすら言えるようになったらOKです。

1回目	2回目	3回目	4回目	5回目

② 「나役になる ⬇ DL 08 」の音声を聞き、나の部分でせりふを言います。なるべく本を見ないで、すらすら言えるようになったらOKです。

1回目	2回目	3回目	4回目	5回目

③ 「가役になる ⬇ DL 09 」の音声を聞き、가の部分でせりふを言います。なるべく本を見ないで、すらすら言えるようになったらOKです。

1回目	2回目	3回目	4回目	5回目

④ 「日本語レスポンス ⬇ DL 10 」の音声を流し、日本語を聞いたらすぐ韓国語で言ってみましょう。すらすら言えるようになったらOKです。

1回目	2回目	3回目	4回目	5回目

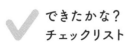 できたかな？ チェックリスト

- ☐ 文章を読んで大意をつかむことができた
- ☐ 文章の内容を要約することができた
- ☐ 文章を正確に聞き取れた
- ☐ テーマに沿った会話ができた

짜파구리가 뭐야?

チャパグリって何？

샤라 @sharazstory
짜장면+스파게티=짜파게티, 짜파게티
+너구리=짜파구리ㅋㅋ
그다음은 뭘까? 나도 만들어 볼까?
#짜파구리 #기생충 #이색_레시피

ジャージャー麺＋スパゲティ＝チャパゲティ、
チャパゲティ＋ノグリ＝チャパグリ（笑）
その次は何だろう？　私も作ってみようかな？
#チャパグリ #パラサイト #異色レシピ

 ▶ **読む　書く**

学習日

学習時間

1 本文を読む ⏳2分以内

次の文章を2分以内で読み、(1)(2)を解いてください。

　　봉준호 감독의 〈기생충〉이 아카데미 4관왕을 기록하면서 영화에 등장한 '짜파구리'에 대한 관심이 세계적이다. 짜파구리는 2009년에 한 네티즌이 자신만의 이색 레시피로 소개하여 화제가 된 조리법이다. 영화에서 짜파구리는 라면(Ramyun)과 우동(Udon)을 합친 'Ram-don'으로 참신하게 번역되어 화제가 되었고 SNS에는 짜파구리를 실제로 만들어 먹어 본 네티즌들의 호평이 쏟아지고 있다.

　　이러한 인기에 힘입어 짜파게티와 너구리의 제조사인 농심은 자사 유튜브 채널에 짜파구리 조리법을 11개 언어로 소개하는 영상을 게재하기도 했다[①]. 농심이 추천한 조리법은 다음과 같다. 먼저 끓는 물에 짜파게티면과 너구리면, 플레이크를 넣고 4분 30초간 끓인 후 면수를 150mL 남기고 나머지 물을 버린다. 그다음 짜파게티 분말스프 1개, 너구리 분말스프 2분의 1, 올리브 조미유를 넣고 골고루 섞어 주며[②] 약한 불에서 30초간 볶으면 완성이다.

　　농심 관계자는 한때 드라마의 인기로 '치맥' 열풍이 있었던 것처럼 영화와 같은 문화 콘텐츠를 통해 한국의 식문화를 알리는 것은 의미 있는 일이라고 말했다[③]. 그리고 짜파구리의 열풍을 이어 갈 수 있게 다양한 홍보 활동을 할 계획이라고 밝혔다[③].

（1） ⏳1分以内

次の選択肢の中から、文章の主旨に最も近いものを一つ選んでください。

① 映画を通して食文化を広められるように努力しなくてはならない。

② チャパグリのような斬新なレシピを多く作っていくことが重要である。

③ チメクやチャパグリの人気が続くように広報活動が必要である。

④ 文化コンテンツを通して食文化を世界に広めることは意味のあることである。

（2） ⏳1分以内

次の選択肢の中から、文章の内容に最も近いものを一つ選んでください。

① 영화〈기생충〉을 본 사람들이 만든 참신한 레시피가 화제가 되고 있다.

② 짜파구리는 인터넷 이용자가 개발하여 화제가 된 조리법이다.

③ 식품회사 농심은 짜파구리 조리법 11가지를 유튜브 채널에서 소개했다.

④ 농심 관계자는 짜파구리의 열풍을 이어 가기 위해 새로운 조리법을 개발 중이다.

▶ 本文の大まかな流れを確認しましょう！

　第1段落ではアカデミー賞4冠を記録した『パラサイト 半地下の家族』を引き合いに出し、映画に登場した「チャパグリ」の紹介をしています。最初の段落でこのように「チャパグリ」の説明がされているので、この単語の意味が分からなくても次の段落以降を読み進めることができます。

　第2段落では、YouTubeチャンネルに上げられたチャパグリの調理法が述べられています。食品に関する表現が登場しますが、インスタントラーメンを作る手順は日本も韓国も同じですので、たとえ分からない単語が出てきても想像がつくと思います。

　第3段落では、チャパグリだけでなく、ドラマ人気でブームになった「チメク」も登場し、映画をはじめとした文化コンテンツを通して韓国の食文化を広めることの重要性を述べ、チャパグリブームをさらに続けていくための広報活動をする計画であるという農心関係者の言葉で締めくくっています。

> 間違ったり、分からなかったりした場合は、次ページの **2** に目を通してから、もう一度取り組んでみましょう。

□ ~관왕	~冠　漢 冠王		□ 추천하다	おすすめする、推薦する
□ 네티즌	ネット民　※ネットとシティズン(市民)の合成語		□ 면수	麺のゆで汁　漢 麺水
			□ 분말	粉末
□ 이색	異色		□ 조미유	調味油
□ 화제	話題 ※화제가 되다(話題になる)		□ 골고루	均等に、まんべんなく
			□ 섞다	混ぜる
□ 참신하게	斬新に ※참신하다(斬新だ)		□ 열풍	ブーム　漢 熱風 ※열풍이 불다(ブームが起こる)
□ 호평	好評			
□ 쏟아지다	降り注ぐ、あふれる		□ 식문화	食文化
□ ~에 힘입어	~に後押しされ、~に助けられ		□ 홍보	広報　漢 弘報
□ 게재하다	掲載する		□ 밝히다	明かす、明らかにする

① **用言語幹 + -기도 하다**　～したりする、～することもある

제 입장에서는 화가 **나기도 해요**.　私の立場では腹が立つこともあります。

> tips 👆 -기도 하고 -기도 하다のように２回使って,주말에는 친구를 만나서 식사를 하기도 하고 술을 마시기도 해요.（週末には友達に会って食事をしたりお酒を飲んだりもします。）

② **動詞語幹 + -아/어 주다**　～してあげる、～してくれる

내가 점심 **사 줄게요**.　私がお昼をおごってあげますね。（「～してあげる」の意味）
또 **와 주세요**.　また来てください。（「～してくれる」の意味）

③ **名詞 + ~(이)라고 말하다/밝히다**　～と言う／明らかにする

의사가 뭐라고 말했어요?　医者は何と言いましたか?
과학자들이 이 새가 세계에서 가장 큰 울음소리를 내는 **새라고 밝혔어요**.
科学者が、この鳥が世界で最も大きな鳴き声を出す鳥であると明らかにしました。

> tips 👆 ~(이)라고 말하다는、~(이)라고 하다と言うこともできます。

3　仕上げの問題

(1)　下線部に入るものを **2** の語彙から選び、文を完成させましょう。

① 음식은 ＿＿＿＿＿＿＿＿ 먹어야 건강해져요.

② 요리를 좋아하니까 한국의 ＿＿＿＿＿＿＿＿ 를 세계에 알리는 일을 하고 싶어요.

③ 이 스마트폰은 디자인이 ＿＿＿＿＿＿＿＿ 나와서 인기가 있다.

④ 이 소설은 일본에서도 ＿＿＿＿＿＿＿＿ 가 된 유명한 한국 소설이다.

⑤ 축구 대표팀은 팬들의 뜨거운 성원에 ＿＿＿＿＿＿＿＿ 이겼습니다.

(2)　下線部かっこ内の単語と下の 表現 を組み合わせ、下線部に示した語尾を接続して文を完成させましょう。

① 아침엔 보통 밥을 먹지만 시간이 없을 땐 빵을 (먹다) ＿＿＿＿ -아/어요.

② 내 한국 친구는 내가 질문하면 아무리 어려운 것이라도 잘
(설명하다) ＿＿＿＿ -아/어요.

③ 그녀는 현장에 있었지만 자기는 모르는 (일) ＿＿＿＿ -았/었다.

> 表現　　-아/어 있다　　-아/어 주다　　~(이)라고 말하다　　-기도 하다

(3)　今日読んだ文章を要約したものです。次の語句を使って韓国語に訳してみましょう。

> 映画やドラマに出てきて話題になったチャパグリとチメクのように、文化コンテンツを通して韓国の**食文化**（食文化）を広めることは重要なことである。このような**熱風**（ブーム）を続けていけるように多様な**홍보**（広報）活動をしていく必要がある。

1 本文の音声を聞く　⤓ DL 12

(1) 文章を見ないで音声を 2〜3 回聞いて、聞き取れた語句をノートにメモしてください。

(2) 下の文章を見て、(1) で聞き取れなかった部分にはアンダーラインを引きます。次に、もう一度音声を聞きながら、一息で読む切れ目に斜線を記入しましょう。

　　봉준호 감독의 〈기생충〉이 아카데미 4관왕을 기록하면서 영화에 등장한 '짜파구리'에 대한 관심이 세계적이다. 짜파구리는 2009년에 한 네티즌이 자신만의 이색 레시피로 소개하여 화제가 된 조리법이다. 영화에서 짜파구리는 라면(Ramyun)과 우동(Udon)을 합친 'Ram-don'으로 참신하게 번역되어 화제가 되었고 SNS에는 짜파구리를 실제로 만들어 먹어 본 네티즌들의 호평이 쏟아지고 있다.

　　이러한 인기에 힘입어 짜파게티와 너구리의 제조사인 농심은 자사 유튜브 채널에 짜파구리 조리법을 11개 언어로 소개하는 영상을 게재하기도 했다. 농심이 추천한 조리법은 다음과 같다. 먼저 끓는 물에 짜파게티면과 너구리면, 플레이크를 넣고 4분 30초간 끓인 후 면수를 150mL 남기고 나머지 물을 버린다. 그다음 짜파게티 분말스프 1개, 너구리 분말스프 2분의 1, 올리브 조미유를 넣고 골고루 섞어 주며 약한 불에서 30초간 볶으면 완성이다.

　　농심 관계자는 한때 드라마의 인기로 '치맥' 열풍이 있었던 것처럼 영화와 같은 문화 콘텐츠를 통해 한국의 식문화를 알리는 것은 의미 있는 일이라고 말했다. 그리고 짜파구리의 열풍을 이어 갈 수 있게 다양한 홍보 활동을 할 계획이라고 밝혔다.

2 聞き取りトレーニング

（1） シャドーイング

段落ごとに分けた音声 ⬇ DL 13~15 を使ってシャドーイングにチャレンジしてみましょう。（各段落目標3～5回）

第1段落

1回目	2回目	3回目	4回目	5回目

第2段落

1回目	2回目	3回目	4回目	5回目

第3段落

1回目	2回目	3回目	4回目	5回目

（2） 音読 ⏳2分以内

文章を見ながら全体を音読します。最初は自分のペースでOKです。2分以内で読めるようになるまで音読しましょう。（目標5～10回）

1回目	2回目	3回目	4回目	5回目	6回目	7回目	8回目	9回目	10回目

（3） 聞き取り確認

最後に文章を見ないで音声を聞き、**1**の**(2)**でアンダーラインを引いた「聞き取れなかった部分」を中心に、全て聞き取れるようになったか確認しましょう。聞き取れない部分がまだ残っている場合は、その部分だけを5回程度音読し、さらに全体を流して聞き取れたか確認しましょう。

3 仕上げの問題

(1) 次の問いに、文章を見ずに韓国語で答えてください。また、答える際は、声に出して言ってからノートに書いてください。 ⬇ DL 16

① チャパグリブームに乗って製造会社の農心はどんな行動を取りましたか？

② チャパグリの調理法を簡単に説明してください。

(2) 発展会話

「発展会話全文 ⬇ DL 17 」の音声を聞き、次の対話文の下線部を埋めて文章を完成させましょう。（目標３回）

가 : 영화 '기생충' 봤어요?

나 : 물론이죠. 저는 그 영화에서 ① ＿＿＿＿＿＿＿＿＿ 짜파구리도 만들어 봤어요.

가 : 어머, 저도요. 그런데 저는 매운 걸 잘 못 먹어서 너구리의

② ＿＿＿＿＿＿＿＿＿ 를 아주 조금만 넣었어요.

나 : 실은 저는 ③ ＿＿＿＿＿＿＿＿＿ 를 조금 많이 남기는 바람에 국물 라면처럼

되고 말았어요.

가 : 영화 같은 문화 콘텐츠를 통해 그 나라의 ④ ＿＿＿＿＿＿＿＿＿ 를 알리는 것

은 의미 있는 일인 것 같아요.

나 : 다음에는 어떤 영화에서 무슨 음식 ⑤ ＿＿＿＿＿＿＿＿＿ 이 불지 궁금하네요.

次の順番で会話練習をしてみましょう。(各目標3〜5回)

① 「発展会話全文 ⬇DL 17 」の音声を聞きながら、一緒に言ってみましょう。なるべく本を見ないで、すらすら言えるようになったらOKです。

1回目	2回目	3回目	4回目	5回目

② 「나役になる ⬇DL 18 」の音声を聞き、나の部分でせりふを言います。なるべく本を見ないで、すらすら言えるようになったらOKです。

1回目	2回目	3回目	4回目	5回目

③ 「가役になる ⬇DL 19 」の音声を聞き、가の部分でせりふを言います。なるべく本を見ないで、すらすら言えるようになったらOKです。

1回目	2回目	3回目	4回目	5回目

④ 「日本語レスポンス ⬇DL 20 」の音声を流し、日本語を聞いたらすぐ韓国語で言ってみましょう。すらすら言えるようになったらOKです。

1回目	2回目	3回目	4回目	5回目

✔ **できたかな？**
チェックリスト

☐ 文章を読んで大意をつかむことができた
☐ 文章の内容を要約することができた
☐ 文章を正確に聞き取れた
☐ テーマに沿った会話ができた

자기 몸 긍정주의

ボディー・ポジティブ・ムーブメント

샤라 @sharazstory

외모보다 인성이나 실력이 자존감을 좌우해야 하는 거 아님? '이너뷰티'가 중요한 거지.
#외모지상주의 #다이어트

外見より、性格や実力が自尊感情を左右すべきではないか？ 「インナービューティー」が重要でしょ。
#外見至上主義 #ダイエット

読む　**書く**

学習日　　　　　.　　　.

学習時間

1 本文を読む ⏳2分以内

次の文章を2分以内で読み、**(1)(2)** を解いてください。

　　2014년에 한 사회학자가 한국인 천 명을 대상으로 자기의 자존감을 평가할 때 중요한 요소가 무엇인지를[①] 묻는 설문조사를 실시했다. 그 결과 외모에 대한 만족감이 낮을수록[②] 자존감도 낮다는 결과가 나왔으며 또한 응답자의 89.2%가 한국 사회는 사람을 외모로 평가한다고 답했다. 연구자는 외모 지상주의가 강한 사회일수록[②] 개인의 자존감이 낮아질 가능성이 높다고 지적했다.

　　하지만 최근에는 신체 사이즈나 나이, 인종에 상관없이 모든 사람은 그 자체로 아름답다는 메시지가 담긴 '자기 몸 긍정주의'가 세계적으로 퍼져 가고 있다. 한 예로 2018년부터 경기도에서 열리는 '청소년 교복 모델 선발 및 체험 행사'에서는 몸무게나 체형과 관계없이 자신의 몸 자체를 사랑하자는 최근의 사회 분위기를 반영하여 다문화가정 자녀, 장애인, 플러스사이즈 등 다양한 모델이 선발되었다.

　　인터넷이나 SNS의 발달로 다른 사람과 나를 끊임없이 비교하고 자기 자신을 사랑하기 어려운 시대가 되었다. 하지만 '자기 몸 긍정주의'와 같은 움직임은 획일적인 것만을 아름답다고 여기던 인식에서 벗어나 있는 그대로의 자기다움을[③] 인정하고 존중하는 방향으로 나아가게 하고 있다.

(1) ⏳1分以内

次の選択肢の中から、文章の主旨に最も近いものを一つ選んでください。

① 外見は個人の自尊感情に影響を及ぼすので最近さらに重要視されている。

② 多様なモデルを選抜することで、外見至上主義が及ぼす問題を解決できる。

③ 他人と比較するより、ありのままの自分を認め、尊重しようという動きが広がっている。

④ 他の人と比較せずに自分らしさを求めるよう努力しなくてはならない。

(2) ⏳1分以内

次の選択肢の中から、文章の内容に最も近いものを一つ選んでください。

① 한국인의 자존감에 가장 큰 영향을 주는 것은 외모라는 결과가 나왔다.

② '자기 몸 긍정주의'는 내면의 아름다움도 중요시하는 사고방식이다.

③ 경기도에서 실시하는 다양한 모델 선발 이벤트가 전국적으로 퍼져 가고 있다.

④ 인터넷이나 SNS를 이용하면 다른 사람과 자신을 비교하게 되기 쉽다.

▶ 本文の大まかな流れを確認しましょう！

　第1段落では、2014年にある社会学者が韓国人1000名を対象に実施したアンケート調査を引き合いに出し、外見至上主義が強い社会であるほど個人の自尊感情が低くなる可能性が高いという現代人の考え方を述べています。

　第2段落では、このアンケート結果とは反対に、体のサイズや年齢、人種に関係なく全ての人はそれ自体で美しいというメッセージが込められた「ボディー・ポジティブ・ムーブメント」という最近の世界的な動きを、具体例を交えて紹介しています。

　第3段落では、他人と比較せずに自分自身を愛することが困難になった現代のインターネットやSNS社会において、「ボディー・ポジティブ・ムーブメント」の動きが、画一的なものだけを美しいと考えた認識から卒業し、ありのままの自分らしさを認めて、尊重する方向に動かしていくという見解で全体の文章を締めくくっています。

> 間違ったり、分からなかったりした場合は、次ページの **2** に目を通してから、もう一度取り組んでみましょう。

□ 자존감	自尊感情 漢 自尊感	□ 다문화가정	国際結婚・移民者の家庭 漢 多文化家庭
□ 평가하다	評価する	□ 장애인	障害者 漢 障碍人
□ 외모	外見 漢 外貌	□ 끊임없이	絶え間なく、ひっきりなしに、絶えず
□ 응답자	回答者 漢 応答者		
□ 외모 지상주의	外見至上主義	□ 획일적	画一的 ※획일적이다(画期的だ)
□ 가능성	可能性	□ 여기다	(心の中で)思う
□ 지적하다	指摘する	□ 벗어나다	抜け出す
□ 담기다	込められる	□ 자기다움	自分らしさ 漢 自己--
□ 긍정	肯定	□ 인정하다	認める、認定する
□ 퍼져 가다	広がる、知れ渡る ※퍼자다(広まる)	□ 존중하다	尊重する
□ 선발	選抜	□ 나아가다	前に進める、動かす
□ 자체	そのもの、自体		

① 名詞 + ~인지   ~なのか(どうか)

무슨 **말인지** 모르겠어요.　何の話か分かりません。

그가 어떤 **사람인지**도 모르고 만났어요.　彼がどんな人なのかも知らずに会いました。

> **tips** 👆 어디인지→어딘지(どこなのか)、무엇인지→뭔지(何なのか)のように縮約することがよくあります。

② 名詞 + ~일수록   ~であるほど

젊은 **사람일수록** 늦잠을 잔다.　若い人であるほど寝坊をする。

> **tips** 👆 用言語幹に接続するときは、-(으)ㄹ수록(~するほど、~であるほど)となります。**빨리 올수록 빨리 끝낼 수 있어요.**(早く来るほど、早く終わらせることができます。)

③ 名詞 + ~다움   ~らしさ

여성다움, 남성다움이란 말은 앞으로 없어질 거예요.

女性らしさ、男性らしさという言葉は今後なくなるでしょう。

3 仕上げの問題

(1) 下線部に入るものを **2** の語彙から選び、用言は下線部上に示したヒントを参考に活用させて文を完成させましょう。

① 자아 존중감의 줄인 말이 ＿＿＿＿＿＿＿인데 건강한 마음은 바로 이것에서 온다고 한다.

② 이 비즈니스는 성공할 ＿＿＿＿＿＿＿이 높다.

③ 국제결혼이나 이주민과의 결혼으로 이루어진 가정을 ＿＿＿＿＿＿＿이라고 한다.

④ 마르고 하얀 피부의 ＿＿＿＿＿＿＿인 외모를 가진 아이돌 그룹이 많다.

⑤ 자신의 실수를 ＿＿＿＿＿＿＿고 고치려고 노력하는 사람은 성공할 것이다.

(2) 下線部かっこ内の単語と下の 表現 を組み合わせ、文を完成させましょう。

① 그 사람이 (누구) ＿＿＿＿＿＿＿를 묻지도 않고 메일 주소를 알려 줬니?

② 유능한 (인재) ＿＿＿＿＿＿＿ 발견하기 어려운 법이지.

③ 그 투수는 부상에도 불구하고 철저한 준비로 시합에 임하는
(프로) ＿＿＿＿＿＿＿을 보여 주었다.

| 表現 | ~일수록 | ~다움 | ~일테니 | ~인지 |

(3) 今日読んだ文章を要約したものです。次の語句を使って韓国語に訳してみましょう。

> インターネットの発達で簡単に他人と比較して**자존감**(自尊感情)が低くなりやすい時代であるが、美しさとは**획일적인**(画一的な)ものではないという認識とともに、あるがままの自分自身を愛そうとする動きが世界的に**퍼지고 있다**(広がっている)。

1 本文の音声を聞く DL 22

(1) 文章を見ないで音声を2〜3回聞いて、聞き取れた語句をノートにメモしてください。

(2) 下の文章を見て、(1)で聞き取れなかった部分にはアンダーラインを引きます。次に、もう一度音声を聞きながら、一息で読む切れ目に斜線を記入しましょう。

　　2014년에 한 사회학자가 한국인 천 명을 대상으로 자기의 자존감을 평가할 때 중요한 요소가 무엇인지를 묻는 설문조사를 실시했다. 그 결과 외모에 대한 만족감이 낮을수록 자존감도 낮다는 결과가 나왔으며 또한 응답자의 89.2%가 한국 사회는 사람을 외모로 평가한다고 답했다.연구자는 외모 지상주의가 강한 사회일수록 개인의 자존감이 낮아질 가능성이 높다고 지적했다.

　　하지만 최근에는 신체 사이즈나 나이, 인종에 상관없이 모든 사람은 그 자체로 아름답다는 메시지가 담긴 '자기 몸 긍정주의'가 세계적으로 퍼져 가고 있다. 한 예로 2018년부터 경기도에서 열리는 '청소년 교복 모델 선발 및 체험 행사'에서는 몸무게나 체형과 관계없이 자신의 몸 자체를 사랑하자는 최근의 사회 분위기를 반영하여 다문화가정 자녀, 장애인, 플러스사이즈 등 다양한 모델이 선발되었다.

　　인터넷이나 SNS의 발달로 다른 사람과 나를 끊임없이 비교하고 자기 자신을 사랑하기 어려운 시대가 되었다. 하지만 '자기 몸 긍정주의'와 같은 움직임은 획일적인 것만을 아름답다고 여기던 인식에서 벗어나 있는 그대로의 자기다움을 인정하고 존중하는 방향으로 나아가게 하고 있다.

2 聞き取りトレーニング

（1）シャドーイング

段落ごとに分けた音声 ⬇ DL 23〜25 を使ってシャドーイングにチャレンジしてみましょう。（各段落目標3〜5回）

第1段落

1回目	2回目	3回目	4回目	5回目

第2段落

1回目	2回目	3回目	4回目	5回目

第3段落

1回目	2回目	3回目	4回目	5回目

（2）音読 ⏳2分以内

文章を見ながら全体を音読します。最初は自分のペースでOKです。2分以内で読めるようになるまで音読しましょう。（目標5〜10回）

1回目	2回目	3回目	4回目	5回目	6回目	7回目	8回目	9回目	10回目

（3）聞き取り確認

最後に文章を見ないで音声を聞き、**1**の**(2)**でアンダーラインを引いた「聞き取れなかった部分」を中心に、全て聞き取れるようになったか確認しましょう。聞き取れない部分がまだ残っている場合は、その部分だけを5回程度音読し、さらに全体を流して聞き取れたか確認しましょう。

3 仕上げの問題

(1) 次の問いに、文章を見ずに韓国語で答えてください。また、答える際は、声に出して言ってからノートに書いてください。　⬇ DL 26

　① 「ボディー・ポジティブ・ムーブメント」にはどんなメッセージが込められていますか？

　② 「ボディー・ポジティブ・ムーブメント」が登場することによって社会はどのように変わっていますか？

(2) 発展会話

　「発展会話全文 ⬇ DL 27 」の音声を聞き、次の対話文の下線部を埋めて文章を完成させましょう。（目標3回）

가 : 요즘 집에만 박혀 있었더니 바지가 안 들어가요. 나 언제쯤이면 날씬해질까요?

나 : 그런 말 하지 말아요. '① ＿＿＿＿＿＿＿＿＿＿＿'란 말 모르세요?

가 : 그거야 알지만 날씬해서 손해 볼 건 없잖아요.

나 : 부모가 그런 ② ＿＿＿＿＿＿＿＿＿＿ 가치관을 갖고 있으면 아이들은 어떻게
　　하라고요.

가 : 하긴, 우리 둘째도 SNS 보면서 자기 ③ ＿＿＿＿＿＿＿＿＿ 탓을 많이 하더라
　　고요.

나 : 우리 사회가 하루속히 ④ ＿＿＿＿＿＿＿＿ 에서 벗어나
　　⑤ ＿＿＿＿＿＿＿＿을 인정하고 존중하는 사회가 됐으면 좋겠어요.

次の順番で会話練習をしてみましょう。(各目標3〜5回)

① 「発展会話全文 ⬇ DL 27 」の音声を聞きながら、一緒に言ってみましょう。なるべく本を見ないで、すらすら言えるようになったらOKです。

1回目	2回目	3回目	4回目	5回目

② 「나役になる ⬇ DL 28 」の音声を聞き、나の部分でせりふを言います。なるべく本を見ないで、すらすら言えるようになったらOKです。

1回目	2回目	3回目	4回目	5回目

③ 「가役になる ⬇ DL 29 」の音声を聞き、가の部分でせりふを言います。なるべく本を見ないで、すらすら言えるようになったらOKです。

1回目	2回目	3回目	4回目	5回目

④ 「日本語レスポンス ⬇ DL 30 」の音声を流し、日本語を聞いたらすぐ韓国語で言ってみましょう。すらすら言えるようになったらOKです。

1回目	2回目	3回目	4回目	5回目

✔ **できたかな？**
チェックリスト

□ 文章を読んで大意をつかむことができた
□ 文章の内容を要約することができた
□ 文章を正確に聞き取れた
□ テーマに沿った会話ができた

어느 가왕의 이야기

ある歌王のストーリー

샤라 @sharazstory
음악에는 사람 맘을 움직이는 큰 힘이 있는 듯. 슈스는 미담도 멋지다…
#가왕 #국민가수

音楽には人の心を動かす大きな力があるようだ。スーパースターは美談もすてき……
#歌王 #国民的歌手

1日目 ▶ 読む 書く

学習日 ___ . ___ . ___

学習時間

---

1 本文を読む ⏳2分以内

次の文章を2分以内で読み、**(1)(2)**を解いてください。

　　지금도 왕성한 활동을 이어 가고 있는 가수 A 씨는 수십 곡의 히트곡으로 전 국민에게 사랑받는 슈퍼스타였다. 전성기 때는 무대에서 한 곡을 부르는 것만으로 지금 돈으로 3천~4천만 원 정도를 받을 정도였다고 한다.

　　그러던 그에게 어느 날 한 요양병원의 원장에게서 연락이 왔다. 자기 병원에 14살의 지적장애 여자아이가 있는데 어떤 자극에도 반응을 보이지 않다가① 우연히 A 씨의 노래를 듣고 눈물을 흘렸다는 것이다. 원장은 소녀의 부모가 어려운 형편이긴 하지만 얼마가 돼도 지불할 테니② 병원에 와서 한 곡만 불러 주기를 바란다고 전했다. 가수 A 씨는 망설임 없이 그날의 행사를 모두 취소하고 시골에 있는 요양병원으로 달려갔다.

　　아무 표정 없이③ 앉아 있는 소녀를 만난 A 씨는 소녀의 손을 잡고 그녀가 눈물을 흘렸다는 노래를 불렀다. 기적은 그때 일어났다. 소녀가 펑펑 울기 시작한 것이다. 소녀의 부모도 따라 울었고 A 씨에게 돈을 지불하고 싶다고 했다. 그러자 그는 "따님의 눈물이 제가 지금까지 벌었던 돈보다 더 비싸고 귀합니다."라고 말하고 병원을 떠났다. 그 가왕은 바로 일본에서도 '돌아와요 부산항에'로 유명한 조용필이다.

(1) ⏳1分以内

次の選択肢の中から、文章の主旨に最も近いものを一つ選んでください。

① 音楽は精神的な病を治療する手助けをしてくれる。

② 歌手チョー・ヨンピルの優しい行動が病の少女と家族に大きな感動を与えた。

③ ファンとのコミュニケーションは、お金を稼ぐことよりはるかに重要である。

④ スーパースターは歌手チョー・ヨンピルのように感動を与える人でなくてはならない。

(2) ⏳1分以内

次の選択肢の中から、文章の内容に最も近いものを一つ選んでください。

① 조용필은 요양병원 원장에게 소녀의 이야기를 듣고 서둘러 행사를 마쳤다.

② 조용필은 지적장애 소녀에게 '돌아와요 부산항에'를 불러 줬다.

③ 조용필은 소녀의 부모가 지불한 돈이 적은 액수였지만 감사히 받았다.

④ 평소 감정을 보이지 못하던 소녀가 조용필의 노래를 듣고 눈물을 흘렸다.

▶本文の大まかな流れを確認しましょう！

　第1段落で、国民的歌手でスーパースターのA氏を紹介しています。「歌王」というタイトルや「スーパースター」などの単語から誰であるかは大体想像がつきます。しかしあえて「A氏」として名前を伏せることで読者の興味を引き付けています。

　第2、第3段落では、A氏と知的障害を持つ少女とのエピソードが紹介されています。A氏の優しい人柄がにじみ出ている内容です。この人物の正体はチョー・ヨンピルであることが最後の最後で明かされます。読み進めて行くうちに誰であるか、想像できます。しかし肝心の名前が明かされていないために「いったい誰のこと」と気にしながら読み進めるうちに、「あっという間に読み終わった」という方も多いことでしょう。この文章はこうした読者の心理を上手に利用しているために非常に読みやすい文章と言えます。

> 間違ったり、分からなかったりした場合は、次ページの **2** に目を通してから、もう一度取り組んでみましょう。

□ 왕성하다	旺盛だ、盛んだ	□ 망설임	ためらい　※망설이다（ためらう）
□ 이어 가다	続ける、つないでいく		
□ 전성기	全盛期	□ 취소하다	キャンセルする、取り消す　漢 取消--
□ 요양	療養		
□ 지적장애	知的障害　漢 知的障碍	□ 표정	表情
□ 자극	刺激　漢 刺戟	□ 기적	奇跡　漢 奇蹟
□ 반응	反応	□ 따님	お嬢さん　※딸（娘）の敬語
□ 우연히	偶然に	□ 벌다	稼ぐ
□ 눈물	涙	□ 귀하다	尊い　漢 貴--
□ 형편	暮らし向き、都合　漢 形便	□ 가왕	歌王
□ 지불하다	支払う　漢 支払--	□ 유명하다	有名だ

① 用言語幹 ＋ -다가　〜していたが、〜していて

학교에 **가다가** 친구를 만났어요.　学校に行く途中で友達に会いました。

오늘은 한때 **맑다가** 흐리겠습니다.　今日は一時晴れ、その後曇るでしょう。

> **tips** 👍 -다가には「動作や状態が途中で中断されたり、他の現象や動作に変わったりする」意味に加え、「新しい動作が加わる」という意味もあります。어젯밤에 잠을 자다가 무서운 꿈을 꾸었어요.（昨夜、寝ていて恐ろしい夢を見ました。）

② 用言語幹 ＋ -(으)ㄹ 테니까　〜するつもりだから、〜するから

내가 **도와줄 테니까** 한번 해 봐.　私が手伝ってあげるから一度やってみて。

> **tips** 👍 까が省略されて-(으)ㄹ 테니として使われることもあり、本文でも省略されて使われています。

③ 아무 ＋ 名詞（도）＋ 否定表現　何の（名詞）〜もない

영화는 **아무 정보** 없이 보는 게 재미있어요.
映画は何の情報もなく見るのが面白いです。

> **tips** 👍 名詞の後に〜도が付くこともあります。아무 걱정도 하지 말고 기다리세요.（何の心配もせずお待ちください。）

3 仕上げの問題

(1) 下線部に入るものを **2** の語彙から選び、用言は下線部上に示したヒントを参考に活用させて文を完成させましょう。

① 그는 노벨상을 수상한 이후로도 끊임없이 _____ 한 활동을 이어 가고 있다.

② 그 가수의 노래는 _____ 때보다 지금이 훨씬 듣기 좋다.

③ 나는 피부가 미세한 _____ 에도 반응을 하기 때문에 마스크를 착용할 수 없다.

④ 그는 아무 말도 하지 않았지만 _____ 만 봐도 화가 난 것 같았다.

⑤ 교수님의 그 한마디는 어떤 책에서도 얻을 수 없는 _____ 한 말씀이다.

(2) 下線部かっこ内の単語と下の 表現 を組み合わせ、文を完成させましょう。

① 횡단보도를 (건너다) _____ 우연히 전 남친을 만났다.

② 오늘은 내가 (한턱내다) _____ 먹고 싶은 거 다 시켜.

③ 네가 헤어지자고 했을 때 나는 _____ 말도 할 수가 없었어.

| 表現 | 아무 | -(으)ㄹ 테니까 | -다가 | 몇 |

(3) 今日読んだ文章を要約したものです。次の語句を使って韓国語に訳してみましょう。

> スーパースターである歌手チョー・ヨンピルは、**전성기 때**(全盛期のとき)感情を表現できない**지적장애**(知的障害)の少女を自ら訪ね、歌を歌ってあげた。少女は彼の歌を聴いて涙を流し、少女の両親は感謝の気持ちからお金を**지불하려**(支払おうと)したが、チョー・ヨンピルは受け取らなかった。

1 本 文 の 音 声 を 聞 く ⬇ DL 32

(1) 文章を見ないで音声を2〜3回聞いて、聞き取れた語句をノートにメモしてください。

(2) 下の文章を見て、(1)で聞き取れなかった部分にはアンダーラインを引きます。次に、もう一度音声を聞きながら、一息で読む切れ目に斜線を記入しましょう。

　　지금도 왕성한 활동을 이어 가고 있는 가수 A 씨는 수십 곡의 히트곡으로 전 국민에게 사랑받는 슈퍼스타였다. 전성기 때는 무대에서 한 곡을 부르는 것만으로 지금 돈으로 3천~4천만 원 정도를 받을 정도였다고 한다.

　　그러던 그에게 어느 날 한 요양병원의 원장에게서 연락이 왔다. 자기 병원에 14살의 지적장애 여자아이가 있는데 어떤 자극에도 반응을 보이지 않다가 우연히 A 씨의 노래를 듣고 눈물을 흘렸다는 것이다. 원장은 소녀의 부모가 어려운 형편이긴 하지만 얼마가 돼도 지불할 테니 병원에 와서 한 곡만 불러 주기를 바란다고 전했다. 가수 A 씨는 망설임 없이 그날의 행사를 모두 취소하고 시골에 있는 요양병원으로 달려갔다.

　　아무 표정 없이 앉아 있는 소녀를 만난 A 씨는 소녀의 손을 잡고 그녀가 눈물을 흘렸다는 노래를 불렀다. 기적은 그때 일어났다. 소녀가 펑펑 울기 시작한 것이다. 소녀의 부모도 따라 울었고 A 씨에게 돈을 지불하고 싶다고 했다. 그러자 그는 "따님의 눈물이 제가 지금까지 벌었던 돈보다 더 비싸고 귀합니다."라고 말하고 병원을 떠났다. 그 가왕은 바로 일본에서도 '돌아와요 부산항에'로 유명한 조용필이다.

2 聞き取りトレーニング

（1）シャドーイング

段落ごとに分けた音声 ⬇ **DL 33〜35** を使ってシャドーイングにチャレンジしてみましょう。（各段落目標3〜5回）

第1段落

1回目	2回目	3回目	4回目	5回目

第2段落

1回目	2回目	3回目	4回目	5回目

第3段落

1回目	2回目	3回目	4回目	5回目

（2）音読　⏳2分以内

文章を見ながら全体を音読します。最初は自分のペースでOKです。2分以内で読めるようになるまで音読しましょう。（目標5〜10回）

1回目	2回目	3回目	4回目	5回目	6回目	7回目	8回目	9回目	10回目

（3）聞き取り確認

最後に文章を見ないで音声を聞き、**1**の**(2)**でアンダーラインを引いた「聞き取れなかった部分」を中心に、全て聞き取れるようになったか確認しましょう。聞き取れない部分がまだ残っている場合は、その部分だけを5回程度音読し、さらに全体を流して聞き取れたか確認しましょう。

3 仕上げの問題

(1) 次の問いに、文章を見ずに韓国語で答えてください。また、答える際は、声に出して言ってからノートに書いてください。　⬇ DL 36

① どんな刺激にも反応を示さなかった少女が歌王の歌を聴いてどんな反応を見せましたか?

② 少女の親がチョー・ヨンピルさんに謝礼をさせてほしいと言った時、彼は何という言葉を残しましたか?

(2) 発展会話

「発展会話全文 ⬇ DL 37 」の音声を聞き、次の対話文の下線部を埋めて文章を完成させましょう。(目標3回)

가 : 이 이야기 너무 감동적이다. 가수 조용필 씨 아시죠?

나 : 네. '돌아와요 부산항에'라는 노래로 일본에서도 ①_____ 가수잖아요.

가 : 그 가수와 어떤 ②_____ 여자아이의 얘긴데요.

나 : 아, 저도 들은 적이 있어요. 어떤 ③_____에도 반응을 보이지않던 소녀가 그의 노래를 듣고 눈물을 흘렸다고.

가 : 맞아요. 그 얘기를 전해 들은 조용필 씨가 그날 행사를 ④_____달려가 소녀의 손을 잡고 노래를 부르자 ⑤_____이 일어났다는이야기!

나 : 역시 음악에는 사람의 마음을 치유하는 힘이 있나 봐요.

次の順番で会話練習をしてみましょう。（各目標3〜5回）

① 「発展会話全文 ⬇DL 37 」の音声を聞きながら、一緒に言ってみましょう。なるべく本を見ないで、すらすら言えるようになったらOKです。

1回目	2回目	3回目	4回目	5回目

② 「나役になる ⬇DL 38 」の音声を聞き、나の部分でせりふを言います。なるべく本を見ないで、すらすら言えるようになったらOKです。

1回目	2回目	3回目	4回目	5回目

③ 「가役になる ⬇DL 39 」の音声を聞き、가の部分でせりふを言います。なるべく本を見ないで、すらすら言えるようになったらOKです。

1回目	2回目	3回目	4回目	5回目

④ 「日本語レスポンス ⬇DL 40 」の音声を流し、日本語を聞いたらすぐ韓国語で言ってみましょう。すらすら言えるようになったらOKです。

1回目	2回目	3回目	4回目	5回目

✓ できたかな？
チェックリスト

□ 文章を読んで大意をつかむことができた
□ 文章の内容を要約することができた
□ 文章を正確に聞き取れた
□ テーマに沿った会話ができた

DIY 여행

DIY 旅行

샤라 @sharazstory

패키지여행에서 생판 모르는 사람이랑 밥 먹는데 어색해서 체하는 줄ㅋ
자유 여행 갈걸 하고 후회했음
#패키지여행 #자유여행 #옵션투어

パッケージツアーで、全然知らない人とご飯を食べたけど微妙で、胃もたれしそうだった(笑)
個人旅行にすべきだったと後悔
#パッケージツアー #個人旅行 #オプショナルツアー

学習日 　　　　　.　　　.

学習時間

1 本 文 を 読 む ⏳2分以内

次の文章を2分以内で読み、**(1)(2)**を解いてください。

　　한국인 2명 중 1명은 해외여행 경험이 있다고 한다. 그리고 많은 여행자가 낯선 외국을 편하게 여행할 수 있는 패키지여행을 선택한다. 패키지여행은 특히 여행 경험이 많지 않거나 현지의 언어를 모르는 경우 대단히 큰 메리트를 가진다. 하지만 패키지여행의 수많은 장점에도 불구하고 그 특성상 빡빡한 여행 스케줄이나 자유롭게 선택할 수 없는 관광 코스, 입에 맞지 않아도 정해진 식사를 해야 하는 등의 단점도 따르기 마련이다[①].

　　이런 부분을 보완하기 위해[②] DIY 여행이라는 새로운 패키지가 등장했다. 소비자가 직접 관광 상품을 만든다는 의미로, 원하는 패키지 상품만 선택할 수 있다. 즉, 패키지 여행의 장점과 자유 여행의 장점을 결합한 형태라 할 수 있다.

　　이에 발맞추어 현지에서 체험하는 액티비티 투어도 늘어나고 있는데, 예를 들어 로마 여행이 아닌 '로마 가정식 쿠킹 클래스'에 참여한다든지[③] 런던 여행이 아닌 '런던에서 즐기는 잉어 낚시 체험'을 신청하는 식이다. 다음 여행은 이런 DIY 여행을 통해 나만의 특별한 맞춤 여행을 계획해 보는 것은 어떨까?

（1）⏳1分以内

次の選択肢の中から、文章の主旨に最も近いものを一つ選んでください。

① 決められたパッケージツアーの日程に従うのではなく、消費者が選択できる旅行スタイルが登場した。
② 海外旅行の場合、メリットが大きいパッケージツアーを選択するのがいい。
③ 現地で体験するアクティビティーツアーの増加が、新しい旅行スタイルを生み出した。
④ 消費者がパッケージツアーを作る新しい旅行スタイルが人気を集めている。

（2）⏳1分以内

次の選択肢の中から、文章の内容に最も近いものを一つ選んでください。

① 한국인의 절반은 해외여행을 갈 때 패키지여행을 선택한다.
② 패키지여행은 자기의 취향과 맞지 않는 코스가 포함되는 경우도 있다.
③ 액티비티 투어는 여행지의 전통문화를 체험하는 내용으로 구성된다.
④ DIY여행의 가장 큰 장점은 여행 전부를 자유롭게 계획할 수 있다는 점이다.

▶ 本文の大まかな流れを確認しましょう！

　第1段落では、パッケージツアーの紹介とその長所と短所が述べられています。次の段落を読めば、筆者がパッケージツアーの短所に目を向けていることが分かりますが、まず最初にそれとは反対の立場、つまりパッケージツアーの長所について言及しています。これは文章の書き方の一つの手法で、自分自身の意見を述べる前に、それとは反対の意見を紹介するというものです。この手法は自分の意見のみを相手に押し付けず、反対意見をまず紹介することで読み手に文章の客観性を印象付ける役割を果たします。

　第2、3段落では、パッケージツアーの短所、つまり余裕のない旅行スケジュールや選択できない観光コース、決められた食事をしなくてはいけないという部分を補うための方法としてDIY旅行が紹介されています。DIY、これはDo It Yourselfの略語ですが、この言葉は「日曜大工」ではなく「あなた自身でやりなさい」という意味です。この言葉の意味が分かれば、DIY旅行の意味も分かり、ここで述べている内容や筆者の主張も理解できるでしょう。「ローマ家庭料理クラス」や「カープフィッシング体験」などの具体例も理解の助けとなっています。

間違ったり、分からなかったりした場合は、次ページの **2** に目を通してから、もう一度取り組んでみましょう。

2 語彙と文法解説 ⬇ DL 41

□ 낯설다	見慣れない、なじみがない	□ 형태	形態
□ 패키지여행	パッケージ旅行	□ 경향	傾向
□ 선택하다	選択する	□ ~에 발맞추어	~に合わせて、~に足並みをそろえて
□ 현지	現地	□ 체험하다	体験する
□ 메리트	メリット	□ 액티비티	アクティビティー
□ 장점⇔단점	長所⇔短所 漢 長点、短点	□ 늘어나다	増える、伸びる
□ ~에도 불구하고	~にもかかわらず 漢 -- 不拘--	□ 참여하다	参加する 漢 参与--
□ 빡빡하다	タイトだ、ゆとりがない	□ 잉어	鯉
□ 입에 맞다	口に合う	□ 맞춤 여행	オーダーメード旅行 ※맞추다(合わせる)
□ 보완하다	補う 漢 補完--		
□ 결합하다	結合する		

① 用言語幹 + -기 마련이다   ~するものだ

시간이 지나면 **잊어버리기 마련이에요**.   時間が過ぎれば忘れるものです。

> tips👆 似た表現に-는 법이다があり、上の例文を시간이 지나면 잊어버리는 법이다と表現することもできます。

② 動詞語幹 + -기 위해(서)   ~するために

살을 **빼기 위해** 일주일에 세 번은 운동을 해요.   痩せるために週に3回は運動をします。

> tips👆 -기 위해は서が省略された形です。-기 위해서の後ろには助詞や指定詞を付けられますが、その際は서を省略できません。미국에 가는 것은 놀기 위해서가 아니라 공부하기 위해서입니다. (米国に行くのは遊ぶためではなく、勉強するためです。)

③ 動詞語幹 + -ㄴ/는다든지   ~するとか

집에만 박혀 있지 말고 밖에 나가서 산책을 **한다든지** 하세요.
家にばかり閉じこもっていないで、外に出て散歩をするとかしてください。

> tips👆 形容詞に付くときは-다든지、名詞に付くときは~(이)라든지になります。

3 仕上げの問題

(1) 下線部に入るものを **2** の語彙から選び、用言は下線部上に示したヒントを参考に活用させて文を完成させましょう。

① 언젠가는 뮌헨에 가서 _____의 유럽인들과 함께 맥주를 마시고 싶다.

② 스케줄이 _____ 한 여행은 다시는 하지 않겠다.

③ 그는 장점은 수없이 많은데 _____ 은 찾아볼 수가 없다.

④ '코로나블루'란 '코로나19'와 '우울감'이라는 뜻의 '블루'가 _____ 한 신조어이다.

⑤ 온라인 이벤트에 _____ 하면서 많은 사람을 만나게 되었다.

(2) 下線部かっこ内の単語と下の **表現** を組み合わせ、必要に応じて下線部に示した語尾を接続して文を完成させましょう。

① 선배의 생일을 (축하하다) _____ 새까만 후배들까지 모두 모였다.

② 남친한테서 (사랑하다) _____ 하는 달콤한 말은 들은 적이 없어요.

③ 여행을 하다 보면 당황스러운 일을 (겪다) _____ -아/어요.

> **表現**　　-기 마련이다　　-기 위해　　-ㄴ/는다든지　　-(으)ㄹ 만하다

(3) 今日読んだ文章を要約したものです。次の語句を使って韓国語に訳してみましょう。

> パッケージツアーと個人旅行の長所を結合したDIY旅行は消費者が希望するパッケージ商品を選択できる**新しい旅行のスタイル**（새로운 여행 스타일）である。これに足並みをそろえて、**現地**（현지）の文化を**体験**（체험）できるアクティビティーツアーも増えている。

1 本 文 の 音 声 を 聞 く ↓ DL 42

(1) 文章を見ないで音声を2～3回聞いて、聞き取れた語句をノートにメモしてください。

(2) 下の文章を見て、(1)で聞き取れなかった部分にはアンダーラインを引きます。次に、もう一度音声を聞きながら、一息で読む切れ目に斜線を記入しましょう。

　　한국인 2명 중 1명은 해외여행 경험이 있다고 한다. 그리고 많은 여행자가 낯선 외국을 편하게 여행할 수 있는 패키지여행을 선택한다. 패키지여행은 특히 여행 경험이 많지 않거나 현지의 언어를 모르는 경우 대단히 큰 메리트를 가진다. 하지만 패키지여행의 수많은 장점에도 불구하고 그 특성상 빡빡한 여행 스케줄이나 자유롭게 선택할 수 없는 관광 코스, 입에 맞지 않아도 정해진 식사를 해야 하는 등의 단점도 따르기 마련이다.

　　이런 부분을 보완하기 위해 DIY 여행이라는 새로운 패키지가 등장했다. 소비자가 직접 관광 상품을 만든다는 의미로, 원하는 패키지 상품만 선택할 수 있다. 즉, 패키지여행의 장점과 자유 여행의 장점을 결합한 형태라 할 수 있다.

　　이에 발맞추어 현지에서 체험하는 액티비티 투어도 늘어나고 있는데, 예를 들어 로마 여행이 아닌 '로마 가정식 쿠킹 클래스'에 참여한다든지 런던 여행이 아닌 '런던에서 즐기는 잉어 낚시 체험'을 신청하는 식이다. 다음 여행은 이런 DIY 여행을 통해 나만의 특별한 맞춤 여행을 계획해 보는 것은 어떨까?

2 聞き取りトレーニング

(1) シャドーイング

段落ごとに分けた音声 ⬇ DL 43〜45 を使ってシャドーイングにチャレンジしてみましょう。(各段落目標3〜5回)

第1段落

1回目	2回目	3回目	4回目	5回目

第2段落

1回目	2回目	3回目	4回目	5回目

第3段落

1回目	2回目	3回目	4回目	5回目

(2) 音読　⏳2分以内

文章を見ながら全体を音読します。最初は自分のペースでOKです。2分以内で読めるようになるまで音読しましょう。(目標5〜10回)

1回目	2回目	3回目	4回目	5回目	6回目	7回目	8回目	9回目	10回目

(3) 聞き取り確認

最後に文章を見ないで音声を聞き、**1**の(2)でアンダーラインを引いた「聞き取れなかった部分」を中心に、全て聞き取れるようになったか確認しましょう。聞き取れない部分がまだ残っている場合は、その部分だけを5回程度音読し、さらに全体を流して聞き取れたか確認しましょう。

3 仕上げの問題

(1) 次の問いに、文章を見ずに韓国語で答えてください。また、答える際は、声に出して言ってからノートに書いてください。 ⬇ DL 46

① パッケージ旅行の長所と短所は何ですか？

② DIY旅行とはどんな旅行ですか？

(2) 発展会話

「発展会話全文 ⬇ DL 47 」の音声を聞き、次の対話文の下線部を埋めて文章を完成させましょう。(目標3回)

가 : 런던 다녀오셨다면서요? 구경 많이 하셨어요?

나 : 네, 많이 다니긴 했는데 패키지여행이라 스케줄이 ① _____

천천히 못 봤어요.

가 : 저런, 아쉬웠겠다. 그렇다고 ② _____ 외국을 혼자서 돌아다닐

수도 없고...

나 : 최근에 DIY여행이라는 새로운 패키지가 등장했다고 들었어요.

가 : 아, 자유 여행을 하면서 ③ _____ 에서 특별한

④ _____ 을 할 수 있다는 그...

나 : 네. ⑤ _____ 투어요. 다음 런던 여행 때는 스콘 만들기 체험도

하려고 해요.

次の順番で会話練習をしてみましょう。（各目標3〜5回）

① 「発展会話全文 ⬇ DL 47 」の音声を聞きながら、一緒に言ってみましょう。なるべく本を見ないで、すらすら言えるようになったらOKです。

1回目	2回目	3回目	4回目	5回目

② 「나役になる ⬇ DL 48 」の音声を聞き、나の部分でせりふを言います。なるべく本を見ないで、すらすら言えるようになったらOKです。

1回目	2回目	3回目	4回目	5回目

③ 「가役になる ⬇ DL 49 」の音声を聞き、가の部分でせりふを言います。なるべく本を見ないで、すらすら言えるようになったらOKです。

1回目	2回目	3回目	4回目	5回目

④ 「日本語レスポンス ⬇ DL 50 」の音声を流し、日本語を聞いたらすぐ韓国語で言ってみましょう。すらすら言えるようになったらOKです。

1回目	2回目	3回目	4回目	5回目

✔ できたかな？
チェックリスト

☐ 文章を読んで大意をつかむことができた
☐ 文章の内容を要約することができた
☐ 文章を正確に聞き取れた
☐ テーマに沿った会話ができた

1인 미디어 크리에이터 양성 교육 실시

ひとりメディアクリエイター
養成教育実施

샤라 @sharazstory

저도 유튭 시작했습니다! 구독과
좋아요, 알람 설정 부탁해요~
#너튜브※ #유튜버

私もYouTube始めました！ チャ
ンネル登録といいね、通知設定お
願いしまーす
#あなたチューブ #YouTuber

※ YouTubeを意味する造語。YouTubeは登録商標のため、
  YouTubeのyouを너(あなた)に変えて너튜브と呼ぶことも
  あります。

1日目　▶　**読む　書く**

学習日　　　　　．　　　．

学習時間

1　本文を読む　⏳2分以内

次の文章を2分以内で読み、**(1)(2)** を解いてください。

　저희 상진구에서는 전문적인 영상 콘텐츠를 기획, 제작할 수 있는 인재를 양성하기 위해 4월, 20일간 15회에 걸쳐 청년 및 경력 단절 여성들을 대상으로 1인 미디어 크리에이터(유튜버) 양성 교육을 실시합니다.

　모집 기간은 2020년 2월 11일부터 3월 15일까지이며[1] 교육 일정은 2020년 4월 1일부터 4월 20일까지로 평일에 실시합니다. 신청 대상은 취업과 창업에 관심 있는 청년, 경력 단절 여성 및 중장년, 기타 본 교육 과정에 관심이 있는 취업 및 창업 희망자입니다. 교육비는 무료이고 신청 접수는 상진구청 1층에 있는 일자리 지원 센터 창구에서 하실 수 있습니다.

　본 양성 교육에는 1인 미디어 크리에이터를 목표로 하는 대상자에게 크리에이터로서[2] 요구되는 필수 전문 지식 및 기술 등을 효율적으로 전달할 수 있는 과정이 준비되어 있습니다[3]. 또한 콘텐츠의 기획, 촬영, 드론 촬영, 편집, 장비 등에 대한 교육이 진행됩니다. 관심 있는 분들의 많은 참여 부탁드립니다.

（1）⏳1分以内

次の選択肢の中から、文章の主旨に最も近いものを一つ選んでください。

① サンジン区で、起業に関する専門的な教育を実施することになった。
② サンジン区で、専門的な人材養成と雇用のためにメディア教育を実施することになった。
③ サンジン区で、就職および起業希望者を対象にYouTuberになるための教育を実施する。
④ サンジン区で、就職活動をする人を対象にプロの番組制作スタッフを養成する教育を実施する。

（2）⏳1分以内

次の選択肢の中から、文章の内容に最も近いものを一つ選んでください。

① 상진구에서 약 보름에 걸쳐 1인 미디어 교육을 실시한다.
② 교육 과정을 마친 취업 희망자는 상진구에 취업할 기회가 주어진다.
③ 취업한 적이 있는 사람은 교육 대상에 포함되지 않는다.
④ 취업과 창업에 관심이 있으면 비용을 들이지 않고 교육을 받을 수 있다.

▶本文の大まかな流れを確認しましょう！

　この文章は、自治体のサンジン区が実施する「ひとりメディアクリエイター（YouTuber）」養成講座実施の案内文です。第1段落では講座の概要が、第2段落では募集期間や講座の日程、受講対象や受付場所が提示されています。

　第3段落では講座の詳しい内容が述べられています。この文章の面白い点は、単なる自治体の告知にとどまらず、YouTuberのことを「ひとりメディアクリエイター」と称している部分です。

　경력 단절 여성という言葉が出てきましたが、意味は分かりましたか？　この単語の意味を知らなくても**경력 단절**が漢字語の「経歴断絶」＝「経歴が途絶える」、かつ文章全体の内容が「仕事」に関するものなので、「経歴が途絶えた」＝「キャリアブレイク」という意味であることが想像できます。

> 間違ったり、分からなかったりした場合は、次ページの **2** に目を通してから、もう一度取り組んでみましょう。

2 語彙と文法解説 ⬇ DL 51

□ 영상	映像	□ 과정	課程
□ 기획	企画	□ 접수	受付 🈁接受
□ 인재	人材	□ 지원	支援
□ 양성하다	養成する	□ 창구	窓口
□ ~에 걸쳐	～にかけて	□ 필수	必須
□ 경력 단절	キャリアブレイク 🈁経歴断絶	□ 효율적	効率的
		□ 촬영	撮影
□ 모집	募集 ※모집하다(募集する)	□ 드론	ドローン
□ 평일	平日	□ 편집	編集 ※편집하다(編集する) 🈁編輯
□ 실시하다	実施する		
□ 취업	就職 🈁就業	□ 장비	装備
□ 창업	起業 🈁創業	□ 진행되다	行われる、進行される
□ 중장년	中高年 🈁中壮年		

① 名詞 + ~(이)며   ~で、~であり

서울은 대한민국의 **수도이며** 문화의 중심지이다.

ソウルは大韓民国の首都であり、文化の中心地である。

> tips👆 文章では指定詞の語幹이-を付けますが、会話では名詞の語末にパッチムがない場合、이-
> を省略することもあります。

② 名詞 + ~(으)로서   ~として

교사로서 책임이 있어요. 教師として責任があります。

> tips👆 資格、地位、身分を表す助詞で、～(으)로に置き換えられます。

③ 動詞語幹 + -아/어 있다   ~している

지금 한국에 **와 있어요**. 今、韓国に来ています。＜滞在している状態＞

> tips👆 似た表現に-고 있다がありますが、これは「今まさにしている」という進行中の動作を表し
> ます。지금 한국에 오고 있어요.(今、韓国に来ています。〈向かっている状態〉)

3 仕上げの問題

(1) 下線部に入るものを **2** の語彙から選び、用言は下線部上に示したヒントを参考に活用させて文を完成させましょう。

① 부산시는 새로운 _____ 를 양성하기 위한 교육을 실시하고 있다.

② 안성시는 시립소년소녀합창단 단원을 _____ 한다고 밝혔다.

③ 신청 접수는 1층에 있는 일자리 지원 센터 _____ 에서 할 수 있다.

④ 자신의 생각을 _____ 으로 전달하기 위해서는 영상 자료를 사용하면 좋다.

⑤ 유튜버가 되려면 촬영한 영상을 _____ 하기 위한 장비가 필요하다.

(2) 下線部かっこ内の単語と下の 表現 を組み合わせ、必要に応じて下線部に示した語尾を接続して文を完成させましょう。

① 그는 학자이고 (작가) _____ 교사이기도 하다.

② 저는 오늘 저희 학교의 (대표) _____ 이 자리에 참석했습니다.

③ 빨리 와 봐! 엄청 큰 꽃이 (피다) _____ -아/어!

| 表現 | ~(으)로서 | -아/어 있다 | -고 있다 | ~(이)며 |

(3) 今日読んだ文章を要約したものです。次の語句を使って韓国語に訳してみましょう。

> サンジン区ではひとりメディアクリエイターを目標とする対象者に20日間の**養成 教育**(養成教育)を無料で実施する。教育内容はコンテンツの**企画**(企画)と撮影などクリエイターとして要求される必須**専門 知識**(専門知識)と技術に関する課程が含まれる。

1 本文の音声を聞く ⬇ DL 52

(1) 文章を見ないで音声を2〜3回聞いて、聞き取れた語句をノートにメモしてください。

(2) 下の文章を見て、**(1)** で聞き取れなかった部分にはアンダーラインを引きます。次に、もう一度音声を聞きながら、一息で読む切れ目に斜線を記入しましょう。

저희 상진구에서는 전문적인 영상 콘텐츠를 기획, 제작할 수 있는 인재를 양성하기 위해 4월, 20일간 15회에 걸쳐 청년 및 경력 단절 여성들을 대상으로 1인 미디어 크리에이터(유튜버) 양성 교육을 실시합니다.

모집 기간은 2020년 2월 11일부터 3월 15일까지이며 교육 일정은 2020년 4월 1일부터 4월 20일까지 평일에 실시합니다. 신청 대상은 취업과 창업에 관심 있는 청년, 경력 단절 여성 및 중장년, 기타 본 교육 과정에 관심이 있는 취업 및 창업 희망자입니다. 교육비는 무료이고 신청 접수는 상진구청 1층에 있는 일자리 지원 센터 창구에서 하실 수 있습니다.

본 양성 교육에는 1인 미디어 크리에이터를 목표로 하는 대상자에게 크리에이터로서 요구되는 필수 전문 지식 및 기술 등을 효율적으로 전달할 수 있는 과정이 준비되어 있습니다. 또한 콘텐츠의 기획, 촬영, 드론 촬영, 편집, 장비 등에 대한 교육이 진행됩니다. 관심 있는 분들의 많은 참여 부탁드립니다.

2 聞き取りトレーニング

(1) シャドーイング

段落ごとに分けた音声 ⬇ DL 53~55 を使ってシャドーイングにチャレンジしてみましょう。(各段落目標3~5回)

第1段落

1回目	2回目	3回目	4回目	5回目

第2段落

1回目	2回目	3回目	4回目	5回目

第3段落

1回目	2回目	3回目	4回目	5回目

(2) 音読 ⏳2分以内

文章を見ながら全体を音読します。最初は自分のペースでOKです。2分以内で読めるようになるまで音読しましょう。(目標5~10回)

1回目	2回目	3回目	4回目	5回目	6回目	7回目	8回目	9回目	10回目

(3) 聞き取り確認

最後に文章を見ないで音声を聞き、**1**の(2)でアンダーラインを引いた「聞き取れなかった部分」を中心に、全て聞き取れるようになったか確認しましょう。聞き取れない部分がまだ残っている場合は、その部分だけを5回程度音読し、さらに全体を流して聞き取れたか確認しましょう。

(1) 次の問いに、文章を見ずに韓国語で答えてください。また、答える際は、声に出して言ってからノートに書いてください。 ⬇ DL 56

① 区で実施する養成教育の対象と、その狙いは何ですか?

② ひとりメディアクリエイター養成講座ではどのような教育を行いますか?

(2) 発展会話
「発展会話全文 ⬇ DL 57」の音声を聞き、次の対話文の下線部を埋めて文章を完成させましょう。(目標3回)

가 : 유튜버 데뷔 축하드려요.

나 : 고마워요. 구에서 실시하는 ①＿＿＿＿＿＿＿＿＿＿ 덕분이죠 뭐.

가 : 콘텐츠 ②＿＿＿＿＿＿＿＿＿＿도 참신하고 영상도 깨끗하던데요?

나 : 드론을 사용해서 ③＿＿＿＿＿＿＿＿을 해 봤는데 생각보다 잘
　　나왔더라고요.

가 : 그렇군요. 영상을 ④＿＿＿＿＿＿＿＿하려면 ⑤＿＿＿＿＿＿＿＿도
　　필요하지 않아요?

나 : 아직 무료 편집 프로그램을 쓰고 있어요. 나오미 씨도 한번 시작해 보시죠.

次の順番で会話練習をしてみましょう。（各目標3〜5回）

① 「発展会話全文 ⬇ DL 57 」の音声を聞きながら、一緒に言ってみましょう。なるべく本を見ないで、すらすら言えるようになったらOKです。

1回目	2回目	3回目	4回目	5回目

② 「나役になる ⬇ DL 58 」の音声を聞き、나の部分でせりふを言います。なるべく本を見ないで、すらすら言えるようになったらOKです。

1回目	2回目	3回目	4回目	5回目

③ 「가役になる ⬇ DL 59 」の音声を聞き、가の部分でせりふを言います。なるべく本を見ないで、すらすら言えるようになったらOKです。

1回目	2回目	3回目	4回目	5回目

④ 「日本語レスポンス ⬇ DL 60 」の音声を流し、日本語を聞いたらすぐ韓国語で言ってみましょう。すらすら言えるようになったらOKです。

1回目	2回目	3回目	4回目	5回目

✔ できたかな？
チェックリスト

☐ 文章を読んで大意をつかむことができた
☐ 文章の内容を要約することができた
☐ 文章を正確に聞き取れた
☐ テーマに沿った会話ができた

모델 김칠두 씨

モデル、キム・チルトゥ氏

> 샤라 @sharazstory
>
> 한 번 사는 건데 나이가 몇 살이 되든
> 하고 싶은 거 다 하며 살아야지.
> #욜로※ #YOLO
>
> 一度きりの人生なんだから、年がいくつになろ
> うがやりたいこと全部やって生きなくちゃ。
> #ヨーロー #YOLO

※욜로(YOLO)は、人生は一度きりだから好きなように生きようという言葉「You Only Live Once」の略。こうした考えを持つ人々をYOLO族という。

 **1 日目** ▶ 読 む 書 く

学習日 ・ ・
学習時間

1 本 文 を 読 む ⏳2分以内

次の文章を2分以内で読み、**(1)(2)**を解いてください。

　대한민국 시니어 모델 1호인 김칠두 씨는 1955년생으로 60이 넘은 나이에 모델이라는 직업에 도전하게 된다[1]. 젊은 시절 잘나가던 외식사업이 실패하자[2] 가족을 부양하기 위해 막노동 등을 전전했지만 60대 중반이 되니 체력이 따라 주지 않았다. 그러던 차에 김 씨가 젊었을 때 패션에 관심이 있었던 것을 알고 있던 딸이 그에게 모델 일을 권유했다.

　김 씨는 처음엔 말도 안 된다고 생각했지만, 딸의 말에 용기를 얻어 가슴 깊숙이 묻어 두기만 했던 꿈에 도전하기로 결심한다[3]. 곧바로 시니어 모델 전문학원에 등록했는데 그로부터 불과 한 달 만에 F/W 헤라 서울패션위크 무대에 서게 되었다. 그는 현재 아이돌 못지않은 스케줄을 소화하며 활동 중이다.

　김 씨는 "나이는 먹었지만, 여전히 욕심이 많다."라며 인생에 '늦은 시기'라는 건 없으니 무엇이든 지금 마음먹은 것은 실천으로 옮기는 것이 중요하다고 말한다. 앞으로 연기나 노래, 유튜브 등에도 도전할 계획이라는 김칠두 씨는 중년의 중후함과 카리스마로 인생의 제2막을 즐기고 있다.

(1) ⏳1分以内

次の選択肢の中から、文章の主旨に最も近いものを一つ選んでください。

① 人生で最も重要なことは挑戦する精神である。
② 偶然言った助言が他人の人生の大きな転換点になることもある。
③ 年を取ってもやりたいことに挑戦すれば誰でも成功できる。
④ 夢に挑戦して成し遂げることにおいて、人生で遅い時期というものはない。

(2) ⏳1分以内

次の選択肢の中から、文章の内容に最も近いものを一つ選んでください。

① 김칠두 씨는 한국 모델 중에 유일하게 나이가 60이 넘었다.
② 딸의 권유로 모델에 도전하게 된 김칠두 씨는 혼자 노력해서 무대에 서게 되었다.
③ 김칠두 씨는 모델 일에 도전한 뒤 현재 매우 바쁘게 지내고 있다.
④ 김칠두 씨는 앞으로 연기나 노래 등에 도전하는 시니어들을 도울 계획이다.

▶本文の大まかな流れを確認しましょう！

　第1段落ではキム・チルトゥ氏が60歳を過ぎてモデル業を目指すことになった経緯が描かれています。

　第2段落では現在の活躍の様子が描かれています。文中に「**아이돌 못지않은**」という表現が出てきますが、この表現の前後で、キム・チルトゥ氏がモデルとして成功したという内容が書かれているので「アイドルに引けを取らない（劣らない）」という意味であることが推測できます。

　第3段落では、60歳を過ぎてモデルとして成功したキム・チルトゥ氏からのメッセージと、彼の今後の抱負を紹介しています。「挑戦することにおいて年齢は関係ない」「今やろうと決めたことを実践に移しなさい」という彼のメッセージは、彼自身の成功体験から得られたものであるため、読者の心に説得力を持って伝わってきます。「始めるのに年齢は関係ない」という彼のメッセージに励まされた学習者の方も多いのではないでしょうか。

> 間違ったり、分からなかったりした場合は、次ページの **2** に目を通してから、もう一度取り組んでみましょう。

2 語彙と文法解説　⬇ DL 61

□ 시절	~時代、時、頃　漢 時節
□ 외식사업	外食事業
□ 부양하다	扶養する
□ 막노동	肉体労働　漢 -労働
□ 전전하다	転々とする
□ 체력	体力
□ 따라 주다	ついていく、ついてくる
□ 권유하다	勧誘する、勧める
□ 얻다	もらう、得る
□ 깊숙이	奥底に、深くに
□ 곧바로	ただちに、すぐに
□ 등록하다	登録する

□ 불과	わずか　漢 不過
□ 못지않다	引けを取らない、劣らない
□ 소화하다	消化する
□ 여전히	相変わらず、依然として　漢 如前-
□ 욕심	欲、欲心
□ 마음먹다	決心する、心に決める
□ 실천	実践
□ 중년	中年
□ 옮기다	移す
□ 중후함	重厚さ　※후하다(重厚だ)
□ 제2막	第2幕

① 動詞語幹 + -게 되다　　～するようになる、～することになる

서로 **사랑하게 됐어요**.　互いに愛し合うようになりました。

> **tips**👆　状況や状態の変化を表します。形容詞の場合は形容詞語幹＋-아/어지다を用います。

② 動詞語幹 + -자　　～すると

날씨가 **더워지자** 여름용 마스크가 불티나게 팔렸어요.
天気が暑くなると夏用マスクが飛ぶように売れました。

> **tips**👆　先行の動作の後にすぐに次の動作が続くことを意味する「～するとすぐに」という意味もあります。창문을 열자 시원한 바람이 불어왔어요.(窓を開けると涼しい風が吹いてきました。)

③ 動詞語幹 + -기로 하다　　～することにする

내일부터 매일 아침 일찍 **일어나기로 했어요**.
明日から毎日朝早く起きることにしました。

> **tips**👆　-기로 결심하다で「～すると決心する」と強い意志を表す表現になり、本文にもこの形で登場します。

3 仕上げの問題

(1) 下線部に入るものを **2** の語彙から選び、用言は下線部上に示したヒントを参考に活用させて文を完成させましょう。

① 젊은 _____ 에 모델이었던 그녀는 여전히 자세가 아름답다.

② 가난한 집의 장남으로 태어난 그는 학생 시절에 _____ 을 했다.

③ 매일 테니스를 치고 싶지만 이제는 체력이 _____ 지 않는다.

④ 그는 이번 드라마에서 빛나는 중년의 _____ 을 보여 주었다.

⑤ 그는 무엇이든 _____ 먹은 것은 꼭 실천으로 옮긴다.

(2) 下線部かっこ内の単語と下の 表現 を組み合わせ、必要に応じて下線部に示した語尾を接続して文を完成させましょう。

① 아버지 일로 가족이 모두 외국에서 (살다) _____ -았/었어요.

② 그는 오랜 시간 준비한 시험에 (떨어지다) _____ 실망해서 외국으로 여행을 떠났다.

③ 친구랑 주말에 뭐 할까 얘기하다가 디즈니랜드에 (가다) _____ -았/었는데 토요일에 비가 온대.

> 表現　　-기로 하다　　-아/어지다　　-게 되다　　-자

(3) 今日読んだ文章を要約したものです。次の語句を使って韓国語に訳してみましょう。

> キム・チルトゥ氏は事業に失敗した後、さまざまな仕事を**転々하다가**(転々としたが)、60を過ぎた年齢でモデルに挑戦し、忙しく活動中である。彼は人生に遅い時期というものはないので、**마음먹은 일**(やろうと決めたこと)を実践に**옮기는 것**(実践に移すこと)が重要だと語る。

1 本 文 の 音 声 を 聞 く 　⬇ DL 62

(1) 文章を見ないで音声を2〜3回聞いて、聞き取れた語句をノートにメモしてください。

(2) 下の文章を見て、**(1)** で聞き取れなかった部分にはアンダーラインを引きます。次に、もう一度音声を聞きながら、一息で読む切れ目に斜線を記入しましょう。

　　대한민국 시니어 모델 1호인 김칠두 씨는 1955년생으로 60이 넘은 나이에 모델이라는 직업에 도전하게 된다. 젊은 시절 잘 나가던 외식사업이 실패하자 가족을 부양하기 위해 막노동 등을 전전했지만 60대 중반이 되니 체력이 따라 주지 않았다. 그러던 차에 김 씨가 젊었을 때 패션에 관심이 있었던 것을 알고 있던 딸이 그에게 모델 일을 권유했다.

　　김 씨는 처음엔 말도 안 된다고 생각했지만, 딸의 말에 용기를 얻어 가슴 깊숙이 묻어두기만 했던 꿈에 도전하기로 결심한다. 곧바로 시니어 모델 전문학원에 등록했는데 그로부터 불과 한 달 만에 F/W 헤라 서울패션위크 무대에 서게 되었다. 그는 현재 아이돌 못지않은 스케줄을 소화하며 활동 중이다.

　　김 씨는 "나이는 먹었지만, 여전히 욕심이 많다."라며 인생에 '늦은 시기'라는 건 없으니 무엇이든 지금 마음먹은 것은 실천으로 옮기는 것이 중요하다고 말한다. 앞으로 연기나 노래, 유튜브 등에도 도전할 계획이라는 김칠두 씨는 중년의 중후함과 카리스마로 인생의 제2막을 즐기고 있다.

2 聞き取りトレーニング

(1) シャドーイング

段落ごとに分けた音声 ⬇ DL 63~65 を使ってシャドーイングにチャレンジしてみましょう。（各段落目標3〜5回）

第1段落

1回目	2回目	3回目	4回目	5回目

第2段落

1回目	2回目	3回目	4回目	5回目

第3段落

1回目	2回目	3回目	4回目	5回目

(2) 音読 ⏳2分以内

文章を見ながら全体を音読します。最初は自分のペースでOKです。2分以内で読めるようになるまで音読しましょう。（目標5〜10回）

1回目	2回目	3回目	4回目	5回目	6回目	7回目	8回目	9回目	10回目

(3) 聞き取り確認

最後に文章を見ないで音声を聞き、**1**の**(2)**でアンダーラインを引いた「聞き取れなかった部分」を中心に、全て聞き取れるようになったか確認しましょう。聞き取れない部分がまだ残っている場合は、その部分だけを5回程度音読し、さらに全体を流して聞き取れたか確認しましょう。

3 仕上げの問題

(1) 次の問いに、文章を見ずに韓国語で答えてください。また、答える際は、声に出して言ってからノートに書いてください。　⬇ DL 66

① キム氏がモデルという職業に挑戦することになったきっかけは何ですか？

② キム氏のこれからの計画は何ですか？

(2) 発展会話

「発展会話全文 ⬇ DL 67」の音声を聞き、次の対話文の下線部を埋めて文章を完成させましょう。（目標3回）

가 : 60이 넘은 나이에 모델에 도전하다니! 정말 대단하네요.

나 : 인생에 늦은 때란 없나 봐요.

가 : 게다가 모델 전문학교에 ①＿＿＿＿＿＿＿＿＿지 한 달 만에 무대에 서게
되었대요.

나 : 딸이 ②＿＿＿＿＿＿＿＿＿용기를 얻었다고 하지요?

가 : 네. 그리고 지금도 아이돌 ③＿＿＿＿＿＿＿＿＿스케줄을 소화하며 활동
중이래요.

나 : 나도 인생의 ④＿＿＿＿＿＿＿＿을 위해 ⑤＿＿＿＿＿＿＿＿＿것은
실천으로 옮겨야겠어요.

次の順番で会話練習をしてみましょう。（各目標3〜5回）

① 「発展会話全文 ⬇ DL 67 」の音声を聞きながら、一緒に言ってみましょう。なるべ
　 く本を見ないで、すらすら言えるようになったらOKです。

1回目	2回目	3回目	4回目	5回目

② 「나役になる ⬇ DL 68 」の音声を聞き、나の部分でせりふを言います。なるべく本
　 を見ないで、すらすら言えるようになったらOKです。

1回目	2回目	3回目	4回目	5回目

③ 「가役になる ⬇ DL 69 」の音声を聞き、가の部分でせりふを言います。なるべく本を
　 見ないで、すらすら言えるようになったらOKです。

1回目	2回目	3回目	4回目	5回目

④ 「日本語レスポンス ⬇ DL 70 」の音声を流し、日本語を聞いたらすぐ韓国語で言っ
　 てみましょう。すらすら言えるようになったらOKです。

1回目	2回目	3回目	4回目	5回目

✔ **できたかな？**
チェックリスト

☐ 文章を読んで大意をつかむことができた
☐ 文章の内容を要約することができた
☐ 文章を正確に聞き取れた
☐ テーマに沿った会話ができた

청와대 국민청원
게시판

大統領府国民請願掲示板

샤라 @sharazstory

청와대 게시판 잘 보면 별 내용이 다 있네ㅋㅋㅋ 꼭 필요한 청원만 올립시다.
#청와대 #국민청원 #현대판_신문고※

大統領府の掲示板、よく見ると、おかしな内容がたくさんあるね(笑) 必ず必要な請願だけ載せましょう。
#大統領府 #国民請願 #現代版目安箱

※신문고(申聞鼓)は朝鮮時代の民衆の直訴制度。宮殿の前に太鼓を置き、不満を持つ民衆が太鼓をたたいて要求を訴えた。江戸時代の「目安箱」に当たる。

1日目 ▶ **読む　書く**

学習日　　・　　・

学習時間

1 本 文 を 読 む　⏳2分以内

次の文章を2分以内で読み、**(1)(2)** を解いてください。

　　2017년 새 정부가 출범하면서 청와대는 국민청원 게시판을 만들어 운영하고 있죠. 30일 동안 20만 명 이상의 국민들이 동의한 청원에 대해서는 정부에서 공식 답변을 해야 하는 시스템입니다. 익명으로 쉽게 글을 올릴 수 있는 열린 공간이라는 특성상 황당한 내용의 게시물도 꾸준히 올라오고 있는데요. 그중에 몇 가지를 한번 알아볼까요?

　　2018년 러시아 월드컵 때 한국이 스웨덴에 패하자 스웨덴과의 전쟁을 요구하는 청원이 올라왔습니다. 축구 때문에[1] 전쟁이라니요. 패배에 대한 아쉬움을 키보드로 푼 것 같네요[2]. 세계적으로 큰 인기를 끌고 있는 방탄소년단을 해체해 달라는[3] 청원과 이 청원을 내려 달라는 청원이 함께 올라온 경우도 있었고요. 그 밖에도 축구 스타 손흥민 대신 자기를 군대에 보내 달라거나 롱패딩 착의를 규제해 달라는 청원, 과일 맛 캐러멜이 너무 딱딱해서 앞니가 부러졌으니 좀 물렁물렁하게 만들어 달라는 황당한 청원까지 있었다고 하네요.

　　좋은 취지로 만든 게시판이 효율적으로 사용되도록 청원을 올릴 때는 신중하게 생각해야 할 것 같습니다[2]. 청와대 게시판은 낙서장이 아니니까요.

(1) ⌛1分以内

次の選択肢の中から、文章の主旨に最も近いものを一つ選んでください。

① 国民請願掲示板には、国民の関心を引くに値する内容を上げなければならない。
② 国民請願掲示板にとんでもない請願が多いので使用を控えるのがいい。
③ 国民請願掲示板が効率的に使用されるよう、よく考えて請願を上げなくてはならない。
④ 国民請願掲示板の活性化のために、日常的なことに対する請願を多く上げなくてはならない。

(2) ⌛1分以内

次の選択肢の中から、文章の内容に最も近いものを一つ選んでください。

① 국민청원 게시판에는 황당한 내용의 청원도 많이 찾아볼 수 있다.
② 청원을 올리려면 청원자의 이름을 확실하게 밝혀야 한다.
③ 청원의 내용은 다소 황당하더라도 많이 올려서 활성화시키는 것이 좋다.
④ 국민청원 게시판에 올린 청원을 20만 명 이상 조회하면 정부에서 공식 답변해야 한다.

▶ 本文の大まかな流れを確認しましょう！

　第1段落では、新政府スタートと同時に始まった国民請願掲示板システムの紹介とともに、請願の中には「とんでもない内容」も含まれているという問題点を指摘しています。この段落の最後は「とんでもない内容の訴えのいくつかをちょっと見てみましょうか。」という一言で締めくくられているため、次の段落ではその内容が書かれていることが分かります。

　第2段落では、第1段落で述べられた「とんでもない内容」の請願の具体例が列挙されています。韓国語で「とんでもない内容」は**황당한 내용**ですが、第1段落を読んだ際に、**황당하다**の意味が分からなくても、この段落で列挙されている内容を読めば、この単語の意味も理解できるでしょう。

　第3段落は、国民請願掲示板を有益に活用できるよう、請願を上げる際には何を上げるか慎重に考えてほしいという筆者のメッセージで締めくくられています。

> 間違ったり、分からなかったりした場合は、次ページの **2** に目を通してから、もう一度取り組んでみましょう。

2 語彙と文法解説　⬇ DL 71

□ 정부	政府	□ 패하다	敗れる、負ける
□ 출범하다	発足する　漢 出帆--	□ 요구하다	要求する
□ 청와대	(韓国の)大統領府 漢 青瓦台	□ 패배	敗北
□ 청원	請願 ※국민청원(国民の請願)	□ 아쉬움	悔しさ、心残り、名残惜しさ
		□ 풀다	晴らす
□ 게시판	掲示板 ※게시물(掲示物)	□ 해체하다	解体する
□ 운영하다	運営する	□ 착의	着ること、着衣
□ 동의하다	同意する	□ 규제	規制
□ 공식 답변	公式答弁	□ 딱딱하다	硬い
□ 익명	匿名	□ 앞니	前歯
□ 열린 공간	開かれた空間	□ 부러지다	折れる、壊れる
□ 황당하다	とんでもない、でたらめだ 漢 荒唐--	□ 취지	趣旨
		□ 신중하게	慎重に　※신중하다(慎重だ)
□ 꾸준히	こつこつと、絶え間なく、地道に	□ 낙서장	落書き帳　漢 落書帳

① 名詞 + ~ 때문에　~のせいで、~のために

눈 때문에 회사에 못 갈까 봐 걱정돼서 잠을 설쳤어요.

雪のせいで会社へ行けないのではないかと心配で眠れませんでした。

② 用言語幹 + -(으)ㄴ/는/(으)ㄹ 것 같다　~するようだ、~みたいだ

민수 씨, 요즘 기분이 좋은 것 같아요.　ミンスさん、最近気分が良いようですね。

> tips　用言の連体形(過去・現在・未来)に付いて、推測を表す表現です。自分の意見を遠回しに柔らかく述べるときにも用います。오늘은 아마 못 갈 것 같아요.(今日はおそらく行けないと思います。)

③ 動詞語幹 + -아/어 달라고 하다　~してくれと言う

좀 도와 달라고 했어요.　ちょっと手伝ってくれと言いました。

> tips　-아/어 주세요の間接話法です。本文では달라고 하는を縮約した달라는の形で登場します。

3 仕上げの問題

(1) 下線部に入るものを **2** の語彙から選び、用言は下線部上に示したヒントを参考に活用させて文を完成させましょう。

① 동창 _____ 에 우리 반 은희가 연예인이랑 결혼했다는 뉴스가 떴더라.

② 최애 아이돌 트윗에 너무 _____ 한 댓글이 달려서 속상해.

③ 캐러멜 먹다가 너무 _____ 해서 앞니가 부러졌어요.

④ 한국어 공부는 _____ 계속하지 않으면 좀처럼 늘지 않아요.

⑤ 이름도 밝히지 않는 _____ 댓글은 그냥 쓰레기통에 버리세요.

(2) 下線部かっこ内の単語と下の **表現** を組み合わせ、必要に応じて下線部に示した語尾を接続して文を完成させましょう。

① 모처럼의 휴가인데 (태풍) _____ 꼼짝도 못 하고 집에 있어야 하다니.

② 남자 친구랑 만나기 전에 거울을 봤는데, 오늘따라 화장이
(안 먹다) _____ -아/어서 속상했다.

③ 미리 친구한테 (준비하다) _____ -았/었으니까 문제없어.

> **表現**　~ 때문에　~처럼　-아/어 달라고 하다　-(으)ㄴ 것 같다

(3) 今日読んだ文章を要約したものです。次の語句を使って韓国語に訳してみましょう。

> 2017年から運営されている大統領府の国民請願**게시판**(掲示板)は、誰でも**익명으로**(匿名で)文章を上げることができる。良い**취지로**(趣旨の下に)作った掲示板が有益に使用されるように、請願は**신중하게**(慎重に)考えて上げなくてはならない。

学習日	. .
学習時間	

1 本文の音声を聞く ⬇ DL 72

(1) 文章を見ないで音声を2〜3回聞いて、聞き取れた語句をノートにメモしてください。

(2) 下の文章を見て、(1)で聞き取れなかった部分にはアンダーラインを引きます。次に、もう一度音声を聞きながら、一息で読む切れ目に斜線を記入しましょう。

　2017년 새 정부가 출범하면서 청와대는 국민청원 게시판을 만들어 운영하고 있죠. 30일 동안 20만 명 이상의 국민들이 동의한 청원에 대해서는 정부에서 공식 답변을 해야 하는 시스템입니다. 익명으로 쉽게 글을 올릴 수 있는 열린 공간이라는 특성상 황당한 내용의 게시물도 꾸준히 올라오고 있는데요. 그중에 몇 가지를 한번 알아볼까요?

　2018년 러시아 월드컵 때 한국이 스웨덴에 패하자 스웨덴과의 전쟁을 요구하는 청원이 올라왔습니다. 축구 때문에 전쟁이라니요. 패배에 대한 아쉬움을 키보드로 푼 것 같네요. 세계적으로 큰 인기를 끌고 있는 방탄소년단을 해체해 달라는 청원과 이 청원을 내려 달라는 청원이 함께 올라온 경우도 있었고요. 그 밖에도 축구 스타 손흥민 대신 자기를 군대에 보내 달라거나 롱패딩 착의를 규제해 달라는 청원, 과일 맛 캐러멜이 너무 딱딱해서 앞니가 부러졌으니 좀 물렁물렁하게 만들어 달라는 황당한 청원까지 있었다고 하네요.

　좋은 취지로 만든 게시판이 효율적으로 사용되도록 청원을 올릴 때는 신중하게 생각해야 할 것 같습니다. 청와대 게시판은 낙서장이 아니니까요.

2　聞き取りトレーニング

(1)　シャドーイング

段落ごとに分けた音声 ⬇ DL 73~75 を使ってシャドーイングにチャレンジしてみましょう。(各段落目標3〜5回)

第1段落

1回目	2回目	3回目	4回目	5回目

第2段落

1回目	2回目	3回目	4回目	5回目

第3段落

1回目	2回目	3回目	4回目	5回目

(2)　音読　⏳2分以内

文章を見ながら全体を音読します。最初は自分のペースでOKです。2分以内で読めるようになるまで音読しましょう。(目標5〜10回)

1回目	2回目	3回目	4回目	5回目	6回目	7回目	8回目	9回目	10回目

(3)　聞き取り確認

最後に文章を見ないで音声を聞き、**1**の(2)でアンダーラインを引いた「聞き取れなかった部分」を中心に、全て聞き取れるようになったか確認しましょう。聞き取れない部分がまだ残っている場合は、その部分だけを5回程度音読し、さらに全体を流して聞き取れたか確認しましょう。

3 仕上げの問題

(1) 次の問いに、文章を見ずに韓国語で答えてください。また、答える際は、声に出して言ってからノートに書いてください。　⬇ DL 76

① 大統領府の国民請願掲示板はどんなシステムで運営されていますか?

② 匿名であるためとんでもない請願も多いようですが、記憶に残るものを三つ挙げてください。

(2) 発展会話

「発展会話全文 ⬇ DL 77 」の音声を聞き、次の対話文の下線部を埋めて文章を完成させましょう。(目標3回)

가 : 뭐 이런 ①_____ 청원이 다 있어요? 월드컵에 패했다고 전쟁을
　　하자니요.

나 : 그러게요. 참, 롱패딩 ②_____를 규제해 달라는 청원은 어떻게
　　생각하세요?

가 : 네. 학교에서는 롱패딩이 너무 비싸고 걷기 불편하다는 이유로 금지시켰죠.

나 : ③_____는 알겠지만 학생들 입장에선 추워서 입는 롱패딩을
　　입지 말라는 건 너무하다는 거죠.

가 : 아무튼 ④_____ 게시판인 만큼 효율적으로 사용됐으면 좋겠어
　　요.

나 : 맞아요. 청원을 올릴 때는 좀 더 ⑤_____ 생각해야 되겠지요.

次の順番で会話練習をしてみましょう。（各目標3〜5回）

① 「発展会話全文 ⬇ DL 77 」の音声を聞きながら、一緒に言ってみましょう。なるべ
く本を見ないで、すらすら言えるようになったらOKです。

1回目	2回目	3回目	4回目	5回目

② 「나役になる ⬇ DL 78 」の音声を聞き、나の部分でせりふを言います。なるべく本
を見ないで、すらすら言えるようになったらOKです。

1回目	2回目	3回目	4回目	5回目

③ 「가役になる ⬇ DL 79 」の音声を聞き、가の部分でせりふを言います。なるべく本を
見ないで、すらすら言えるようになったらOKです。

1回目	2回目	3回目	4回目	5回目

④ 「日本語レスポンス ⬇ DL 80 」の音声を流し、日本語を聞いたらすぐ韓国語で言っ
てみましょう。すらすら言えるようになったらOKです。

1回目	2回目	3回目	4回目	5回目

✔ できたかな？
チェックリスト

□ 文章を読んで大意をつかむことができた
□ 文章の内容を要約することができた
□ 文章を正確に聞き取れた
□ テーマに沿った会話ができた

짜장면의 탄생

ジャージャー麺の誕生

샤라 @sharazstory

중국집 가면 짜장이냐 짬뽕이냐 늘 갈등이었는데… 짬짜면[※]은 진짜 획기적인 아이디어다ㅋ #짜장면 #짬뽕 #탕수육[※]

中華料理屋に行くとジャージャー麺にしようか、チャンポンにしようか、いつも決めるのに一苦労だったんだけど…。チャムチャ麺は本当に画期的なアイデアだ(笑) #ジャージャー麺 #チャンポン #タンスユク

※チャムチャ麺は、チャンポン半分とジャージャー麺半分を一つにしたハーフ&ハーフメニュー。タンスユクは日本でいう酢豚で韓国の定番中華料理。

1日目 ▶ 読む 書く

学習日

学習時間

1 本 文 を 読 む ⏱2分以内

次の文章を2分以内で読み、**(1)(2)**を解いてください。

　　1882년 임오군란이 일어나자 조선은 청나라에 군대 파견을 요청했습니다. 이때 약 40여 명의 상인이 청군을 따라 들어왔는데 이것이 우리나라에 화교 거주지가 생긴 계기입니다. 청나라와의 통상조약이 체결되면서 인천공원 인근 일대에 화교 거주지가 만들어졌습니다^①.

　　그들이 먹던^② 고급 음식을 청요리라고 불렀는데 1905년에는 '산동회관'이라는 청요리 전문점도 생겼습니다. 이때 팔던^② 짜장면은 지금과는 달리 춘장에 국수를 비벼 먹는 산둥식 짜장면이었다고 합니다. 오늘날 우리에게 익숙한 짜장면은 6·25전쟁을 거치면서 개발되었는데 산둥식과는 달리 양파와 고기, 전분을 넣고 춘장을 묽게 해서 만드는 요리입니다.

　　인천시는 2005년에 '짜장면 탄생 100주년' 축제를 열었다고 합니다. 어려운 시대에 태어나 한국인이 자주 찾는 음식이 된 짜장면은 맛있을 뿐만 아니라^③ 저렴해서 지금까지도 한국인이 즐겨 먹는 대표 음식의 하나가 되었습니다.

(1) ⌛1分以内

次の選択肢の中から、文章の主旨に最も近いものを一つ選んでください。

① 壬午軍乱を契機に、清と通商条約が締結され、仁川に華僑居住地ができた。
② 韓国人が好む代表的な料理の一つであるジャージャー麺を食べるようになって100年以上の時が流れた。
③ 戦争を契機として食文化が伝わるケースが多い。
④ 山東式ジャージャー麺と現在のジャージャー麺の作り方の違いを知っておくといい。

(2) ⌛1分以内

次の選択肢の中から、文章の内容に最も近いものを一つ選んでください。

① 1882년 청나라와의 무역으로 인천 일대에 화교 거주지가 생겼다.
② 현재의 짜장면은 산둥식 짜장면에 비해서 수분이 많다.
③ 현재의 짜장면은 화교 거주지에서 만들었던 맛을 유지하고 있다.
④ 짜장면은 한국인이 즐겨 먹는 음식이지만 가격은 다소 비싼 편이다.

▶ 本文の大まかな流れを確認しましょう！

第1段落ではジャージャー麺誕生の地である華僑居住地が作られた歴史が説明されています。

第2段落では、現代において私たちが食べているジャージャー麺と華僑居住地で生まれたジャージャー麺との違いが述べられています。

第3段落では仁川市で「ジャージャー麺誕生100周年」を記念して開催された祭りを紹介するとともに、今日の韓国においてジャージャー麺は韓国人の国民食の一つになったという文章でまとめています。

文中で「임오군란(壬午軍乱)」「청나라(清)」「화교(華僑)」など普段あまりなじみのない単語が出てくるため、混乱した方もいるかもしれません。しかし**군대**(軍隊)という単語から戦争に関する内容であること、またテーマ紹介の部分で**중국집**(中華料理屋)という単語が出ていることから、中国に関係する内容であることが想像できるでしょう。

間違ったり、分からなかったりした場合は、次ページの **2** に目を通してから、もう一度取り組んでみましょう。

□ 임오군란	壬午軍乱	□ 춘장	黒みそ 漢春醤
□ 청나라	清 漢清--		※ジャージャー麺に使われる
	※청군(清の軍)		中国のみそ
□ 파견	派遣	□ 비벼 먹다	混ぜて食べる
□ 요청하다	要請する	□ 거치다	経る、経由する
□ 상인	商人	□ 개발	開発
□ 화교	華僑		※개발되다(開発される)
□ 거주지	居住地	□ 전분	片栗粉、でんぷん
□ 통상조약	通商条約		漢 澱粉
□ 체결되다	締結される	□ 묽게	薄く、ゆるく
□ 인근	近隣 漢隣近		※묽다(薄い、水っぽい)
□ 일대	一帯	□ 저렴하다	安い、安価である
□ 전문	専門 ※전문점(専門店)		漢 低廉—
□ ~와/과는 달리	~とは違って	□ 즐겨 먹다	好んで食べる
		□ 대표	代表

① 動詞語幹 + -아/어지다　～れる、～られる

국민의 기본적인 권리는 헌법으로 **지켜집니다**.

国民の基本的な権利は憲法で守られています。

tips👆 受け身を作る語尾です。形容詞に付くと「変化(～くなる)」の意味を表します。

② 動詞語幹 + -던　～していた

어렸을 때 자주 **다니던** 놀이공원에 20년 만에 가 봤어요.

幼い頃よく行った遊園地に20年ぶりに行ってみました。

tips👆 -던は過去の出来事や状態を思い出したり(回想)、ある一定期間に規則的に繰り返していた、
未完了、やりかけているという意味で使われます。

③ 用言語幹 + -(으)ㄹ 뿐만 아니라　～なだけでなく

송이버섯은 향이 **좋을 뿐만 아니라** 식감도 좋아요.

マツタケは香りが良いだけでなく、食感も良いです。

tips👆 ~만を省略して-(으)ㄹ 뿐 아니라の形でも使えます。

3 仕上げの問題

(1) 下線部に入るものを **2** の語彙から選び、用言は下線部上に示したヒントを参考に活用させて文を完成させましょう。

① 사고 현장에 구조대원들이 _____ 되었다.

② 서울의 연희동은 화교들의 집단 _____ 였다고 한다.

③ 한국식 짬뽕은 짜장면_____ 매운 음식이에요.

④ 반찬이 없을 때에는 냉장고에 있는 나물이랑 밥을 _____ 는 게 최고예요.

⑤ 요즘은 품질 좋고 가격도 _____ 한 브랜드가 많아요.

(2) 下線部かっこ内の単語と下の 表現 を組み合わせ、必要に応じて下線部に示した語尾を接続して文を完成させましょう。

① 집 앞에 큰 아파트가 (세우다) _____ -아/어서 예전만큼 햇빛이 안 들어온다.

② 어렸을 때 (살다) _____ 마을은 동네 사람들이 모두 친하게 지내는 시골이었다.

③ 저 배우는 (아름답다) _____ 사생활도 귀감이 되는 사람이야.

> **表現**　　-아/어지다　　-던　　-기 때문에　　-(으)ㄹ 뿐만 아니라

(3) 今日読んだ文章を要約したものです。次の語句を使って韓国語に訳してみましょう。

> ジャージャー麺は**임오군란 때**(壬午軍乱の際)、朝鮮に入ってきた**청나라**(清)の商人の料理から始まり、朝鮮戦争を経て現在のジャージャー麺になった。貧しい時代に作られたジャージャー麺は**저렴해서**(手頃で)韓国人が好んで食べる料理のうちの一つである。

1 本 文 の 音 声 を 聞 く　⬇ DL 82

(1) 文章を見ないで音声を2〜3回聞いて、聞き取れた語句をノートにメモしてください。

(2) 下の文章を見て、**(1)** で聞き取れなかった部分にはアンダーラインを引きます。次に、もう一度音声を聞きながら、一息で読む切れ目に斜線を記入しましょう。

　　1882년 임오군란이 일어나자 조선은 청나라에 군대 파견을 요청했습니다. 이때 약 40여 명의 상인이 청군을 따라 들어왔는데 이것이 우리나라에 화교 거주지가 생긴 계기입니다. 청나라와의 통상조약이 체결되면서 인천공원 인근 일대에 화교 거주지가 만들어졌습니다.

　　그들이 먹던 고급 음식을 청요리라고 불렀는데 1905년에는 '산동회관'이라는 청요리 전문점도 생겼습니다. 이때 팔던 짜장면은 지금과는 달리 춘장에 국수를 비벼 먹는 산둥식 짜장면이었다고 합니다. 오늘날 우리에게 익숙한 짜장면은 6·25전쟁을 거치면서 개발되었는데 산둥식과는 달리 양파와 고기, 전분을 넣고 춘장을 묽게 해서 만드는 요리입니다.

　　인천시는 2005년에 '짜장면 탄생 100주년' 축제를 열었다고 합니다. 어려운 시대에 태어나 한국인이 자주 찾는 음식이 된 짜장면은 맛있을 뿐만 아니라 저렴해서 지금까지도 한국인이 즐겨 먹는 대표 음식의 하나가 되었습니다.

2 聞き取りトレーニング

(1) シャドーイング

段落ごとに分けた音声 ⬇ DL 83~85 を使ってシャドーイングにチャレンジしてみましょう。(各段落目標3〜5回)

第1段落

1回目	2回目	3回目	4回目	5回目

第2段落

1回目	2回目	3回目	4回目	5回目

第3段落

1回目	2回目	3回目	4回目	5回目

(2) 音読 ⌛2分以内

文章を見ながら全体を音読します。最初は自分のペースでOKです。2分以内で読めるようになるまで音読しましょう。(目標5〜10回)

1回目	2回目	3回目	4回目	5回目	6回目	7回目	8回目	9回目	10回目

(3) 聞き取り確認

最後に文章を見ないで音声を聞き、**1**の**(2)**でアンダーラインを引いた「聞き取れなかった部分」を中心に、全て聞き取れるようになったか確認しましょう。聞き取れない部分がまだ残っている場合は、その部分だけを5回程度音読し、さらに全体を流して聞き取れたか確認しましょう。

3 仕上げの問題

(1) 次の問いに、文章を見ずに韓国語で答えてください。また、答える際は、声に出して言ってからノートに書いてください。 📥 DL 86

① 韓国に華僑の居住地ができたきっかけは何ですか？

② ジャージャー麺が今のスタイルになったのはいつごろですか？

(2) 発展会話
「発展会話全文 📥 DL 87 」の音声を聞き、次の対話文の下線部を埋めて文章を完成させましょう。(目標3回)

가 : 한국의 ① _____ 하면 뭐가 생각나세요?

나 : 글쎄요. 김치, 불고기… 비빔밥?

가 : 전 ② _____ 을 꼽고 싶어요.

나 : 아! 저도 짜장면은 ③ _____ . 만들어 보려고 슈퍼에서

　　 ④ _____ 을 샀어요.

가 : 그러세요? 그럼 고기하고 ⑤ _____ 를 넣고 볶은 춘장 소스를 면

　　 위에 얹고 그 위에 완두콩이랑 메추리알을 올려 보세요. 더 맛있어 보일 거예요.

나 : 대박! 예쁘겠다. 만들면 인증샷 올릴게요.

次の順番で会話練習をしてみましょう。（各目標3〜5回）

① 「発展会話全文 ⬇ DL 87 」の音声を聞きながら、一緒に言ってみましょう。なるべく本を見ないで、すらすら言えるようになったらOKです。

1回目	2回目	3回目	4回目	5回目

② 「나役になる ⬇ DL 88 」の音声を聞き、나の部分でせりふを言います。なるべく本を見ないで、すらすら言えるようになったらOKです。

1回目	2回目	3回目	4回目	5回目

③ 「가役になる ⬇ DL 89 」の音声を聞き、가の部分でせりふを言います。なるべく本を見ないで、すらすら言えるようになったらOKです。

1回目	2回目	3回目	4回目	5回目

④ 「日本語レスポンス ⬇ DL 90 」の音声を流し、日本語を聞いたらすぐ韓国語で言ってみましょう。すらすら言えるようになったらOKです。

1回目	2回目	3回目	4回目	5回目

✔ **できたかな？**
チェックリスト

☐ 文章を読んで大意をつかむことができた
☐ 文章の内容を要約することができた
☐ 文章を正確に聞き取れた
☐ テーマに沿った会話ができた

늘어나는 채식주의자

増加するベジタリアン

샤라 @sharazstory

외국에서는 비건 옷, 비건 슈즈
도 판대. 건강과 동물권을 위해
나는 찬성!
#비건 #동물실험_반대

外国ではビーガン服、ビーガンシュー
ズも売ってるんだって。健康とアニマ
ルライツのために私は賛成！
#ビーガン #動物実験反対

1日目 ▶ 読む 書く

学習日 ・ ・
学習時間

1 本文を読む ⏳2分以内

次の文章を2分以内で読み、**(1)(2)** を解いてください。

　영국의 시사주간지 <이코노미스트>는 2019년을 '채식의 해'로 선언했다. 25~34세 미국인 중 4분의 1이 채식주의자라는 설문 결과도 나왔다. 채식주의자는 완전 채식주의자인 비건, 달걀은 먹는 오보, 달걀과 유제품, 해산물까지는 먹는 페스코 등으로 나뉘고 이러한 채식주의자들의 사상이나 철학을 '비거니즘'이라고 한다.

　국내에서도 채식주의자들이 빠르게 늘고 있다. 한국 채식 연합에 따르면 국내 채식 인구는 2008년 15만 명에서 2019년 150만~200만 명으로 급증했다고 한다. 늘어난 수에 비해 여전히 사회적 이해도는 낮은 편일지라도[1] 일부 채식주의자들은 고기가 들어가지 않은 음식을 직접 만들어 적극적으로 채식을 실천하고 있다.

　대형마트 업계도 비건 모시기에 나섰다. 동물실험을 하지 않는 비건 화장품, 달걀이나 유제품이 들어가지 않은 빵을 비롯해서 케이크, 순 식물성 마요네즈 등을 내놓고 있다. 한 대형마트 상품기획자는 "착한 소비에 대한 인식이 확산하고, 채식 인구가 급증하면서[2] 비건은 점차 메가 트렌드로 확장돼 가고[3] 있다."고 말했다.

（1） ⏳1分以内

次の選択肢の中から、文章の主旨に最も近いものを一つ選んでください。

① ベジタリアンが急増しているが、社会的認識が低いため問題になっている。
② ベジタリアンに対する社会的理解度を高めるための教育が要求されている。
③ ベジタリアンに対する理解度を高めるための各種の試みを、社会的に応援しなくてはならない。
④ ベジタリアンが増加すると同時に、関連商品も多く登場している。

（2） ⏳1分以内

次の選択肢の中から、文章の内容に最も近いものを一つ選んでください。

① 미국인의 4분의 1이 채식주의자라는 설문 결과가 나왔다.
② 한국인 채식주의자는 10년 사이에 10배 이상 늘어났다.
③ 일부 채식주의자들은 고기가 들어가지 않은 음식을 만들어 판매하고 있다.
④ 대형마트 업계는 채식을 선호하는 경향이 오래 가지 않을 것으로 전망한다.

▶ 本文の大まかな流れを確認しましょう！

世界各国で急増するベジタリアンがこの文章のテーマです。

第1段落では米国におけるベジタリアンの状況や、ベジタリアンの思想や哲学であるビーガニズム、そしてベジタリアンの分類が説明されています。「オボ・ベジタリアン」など、普段あまりなじみのない単語ですが、「卵は食べるオボ・ベジタリアン」のように、単語の前に書かれている説明を読めば意味が理解できるように読者への配慮がなされています。

第2、第3段落では、韓国におけるベジタリアンの状況が紹介されています。ベジタリアン人口の増加や彼らがどのようなことを実践しているのか、またこうした動きに呼応して大型スーパーがベジタリアン対応の商品開発に乗り出すなどの動きが述べられています。また、「ビーガンが次第にメガトレンドとして広がりつつある」という大型スーパーの商品企画担当者の言葉を今後の展望として締めくくっています。

> 間違ったり、分からなかったりした場合は、次ページの **2** に目を通してから、もう一度取り組んでみましょう。

2 語彙と文法解説 ⬇ DL 91

□ 채식	菜食 ※채식주의자（ベジタリアン、菜食主義者）。2007年に出版された同名の小説がある。	□ 업계	業界
		□ 모시기	（格別な）対応、おもてなし
		□ 나서다	乗り出す
□ 사상	思想	□ 동물실험	動物実験
□ 철학	哲学	□ 유제품	乳製品
□ 연합	連合 漢 聯合	□ ~을/를 비롯해서	～をはじめとして、～をはじめ
□ ~에 따르면	～によると		
□ 급증하다	急増する	□ 소비	消費
□ ~에 비해	～に比べ	□ 순 식물성	純植物性
□ 사회적	社会的	□ 확산하다	拡散する、広がる
□ 적극적	積極的	□ 점차	徐々に 漢 漸次
□ 실천하다	実践する	□ 확장되다	拡張される、広がる
□ 대형마트	大型スーパーマーケット		

① 名詞 + ~일지라도　～だろうとも

비록 **사소한 것일지라도** 아버지와 의논해야지.

たとえ些細なことだろうとも、父と話し合わなくては。

> **tips** 👍 用言の語幹に付くときは-(으)ㄹ지라도となります。눈이 많이 올지라도 회사에 꼭 와야 돼요.(雪がたくさん降ろうとも、会社に必ず来なくてはいけません。)

② 動詞語幹 + -(으)면서　～につれ

나이를 **먹으면서** 성격이 달라지는 것이 느껴져요.

年を取るにつれ、性格が変わるのが感じられます。

> **tips** 👍 -(으)면서には他に「～しながら」「～なのに」という意味もあります。

③ 動詞語幹 + -아/어 가다　～していく

경제가 **회복되어 간다**.　経済が回復していく。

> **tips** 👍 -아/어 가면서の形で「～しながら」の意味になります。상대방 말도 들어 가면서 대화를 하세요.(相手の言葉も聞きながら対話をしてください。)

3 仕上げの問題

(1) 下線部に入るものを **2** の語彙から選び、用言は下線部上に示したヒントを参考に活用させて文を完成させましょう。

① 서울을 중심으로 1인 가구가 ＿＿＿＿＿＿＿＿ 했다고 한다.

② 아버지는 요즘 건강 관리를 ＿＿＿＿＿＿＿＿으로 실천하고 계신다.

③ 대형마트 업계는 고생한 수험생 ＿＿＿＿＿＿ 에 나섰다.

④ 한국의 소설〈＿＿＿＿＿＿〉가 2016년에 맨부커 국제상을 수상하였다.

⑤ 딸은 ＿＿＿＿＿＿ 알레르기가 있어서 치즈도 먹을 수 없다.

(2) 下線部かっこ内の単語と下の **表現** を組み合わせ、必要に応じて下線部に示した語尾を接続して文を完成させましょう。

① 그 소문이 (사실) ＿＿＿＿＿＿＿＿ 저는 제 계획을 바꾸지 않겠습니다.

② 시간이 (흐르다) ＿＿＿＿＿＿＿＿ 화상으로 입은 상처는 점점 아물었다.

③ 요즘 회사 일은 모두의 노력으로 (잘되다) ＿＿＿＿ -지만 너무 바빠서 좀 피곤하다.

表現	~일지라도	~인 데다가	-(으)면서	-아/어 가다

(3) 今日読んだ文章を要約したものです。次の語句を使って韓国語に訳してみましょう。

> ベジタリアンの思想を意味するビーガニズムは世界的な傾向で、最近韓国でも**急増**(急増)している。これに伴って**대형마트 업계**(大型スーパー業界)では菜食主義関連商品を出していて、ビーガニズムは、さらに**확장**(拡張)するものと見込んでいる。

1 本文の音声を聞く  ±DL 92

(1) 文章を見ないで音声を2〜3回聞いて、聞き取れた語句をノートにメモしてください。

(2) 下の文章を見て、(1) で聞き取れなかった部分にはアンダーラインを引きます。次に、もう一度音声を聞きながら、一息で読む切れ目に斜線を記入しましょう。

　　영국의 시사주간지 <이코노미스트>는 2019년을 '채식의 해'로 선언했다. 25세~34세 미국인 중 4분의 1이 채식주의자라는 설문 결과도 나왔다. 채식주의자는 완전 채식주의자인 비건, 달걀은 먹는 오보, 달걀과 유제품, 해산물까지는 먹는 페스코 등으로 나뉘고 이러한 채식주의자들의 사상이나 철학을 '비거니즘'이라고 한다.

　　국내에서도 채식주의자들이 빠르게 늘고 있다. 한국 채식 연합에 따르면 국내 채식 인구는 2008년 15만 명에서 2019년 150만 명~200만 명으로 급증했다고 한다. 늘어난 수에 비해 여전히 사회적 이해도는 낮은 편일지라도 일부 채식주의자들은 고기가 들어가지 않은 음식을 직접 만들어 적극적으로 채식을 실천하고 있다.

　　대형마트 업계도 비건 모시기에 나섰다. 동물실험을 하지 않는 비건 화장품, 달걀이나 유제품이 들어가지 않은 빵을 비롯해서 케이크, 순 식물성 마요네즈 등을 내놓고 있다. 한 대형마트 상품기획자는 "착한 소비에 대한 인식이 확산하고, 채식 인구가 급증하면서 비건은 점차 메가 트렌드로 확장돼 가고 있다."고 말했다.

2 聞き取りトレーニング

（1） シャドーイング

段落ごとに分けた音声 ⬇ DL **93~95** を使ってシャドーイングにチャレンジしてみましょう。(各段落目標3~5回)

第1段落

1回目	2回目	3回目	4回目	5回目

第2段落

1回目	2回目	3回目	4回目	5回目

第3段落

1回目	2回目	3回目	4回目	5回目

（2） 音読　⌛2分以内

文章を見ながら全体を音読します。最初は自分のペースでOKです。2分以内で読めるようになるまで音読しましょう。(目標5~10回)

1回目	2回目	3回目	4回目	5回目	6回目	7回目	8回目	9回目	10回目

（3） 聞き取り確認

最後に文章を見ないで音声を聞き、**1**の**(2)**でアンダーラインを引いた「聞き取れなかった部分」を中心に、全て聞き取れるようになったか確認しましょう。聞き取れない部分がまだ残っている場合は、その部分だけを5回程度音読し、さらに全体を流して聞き取れたか確認しましょう。

3 仕上げの問題

(1) 次の問いに、文章を見ずに韓国語で答えてください。また、答える際は、声に出して言ってからノートに書いてください。 ⬇ DL 96

① 「菜食主義者」といっても皆同じわけではないそうです。ここで紹介されているのはどんな菜食主義者ですか？ また彼らの思想や哲学を何と言いますか？

② 韓国国内の菜食主義者は10年で10倍以上と、急激に増加しています。一方社会的理解はそれほど得られてないそうですが、彼らはどのように生活していますか？

(2) 発展会話

「発展会話全文 ⬇ DL 97 」の音声を聞き、次の対話文の下線部を埋めて文章を完成させましょう。（目標3回）

가 : 이곳 ① _____ 는 비건들을 위한 제품을 많이 팔아요.

나 : 정말이네요. ② _____ 을 하지 않은 비건 화장품도 있네요.

가 : 이쪽에는 ③ _____ 이 안 들어간 빵이랑 ④ _____
마요네즈 코너도 있어요. 채식 인구가 ⑤ _____ 말이 실감나지요?

나 : 정말 그러네요. 실은 저도 야채를 아주 좋아하는 편이라 앞으로 여기 자주 올 것
같네요.

가 : 그러세요? 지난번 식사 때 스테이크만 드시고 샐러드는 필요 없다고...

나 : 아, 그땐... 제가 고기 다이어트를 했거든요.

次の順番で会話練習をしてみましょう。（各目標3〜5回）

① 「発展会話全文 ⬇DL 97」の音声を聞きながら、一緒に言ってみましょう。なるべく本を見ないで、すらすら言えるようになったらOKです。

1回目	2回目	3回目	4回目	5回目

② 「나役になる ⬇DL 98」の音声を聞き、나の部分でせりふを言います。なるべく本を見ないで、すらすら言えるようになったらOKです。

1回目	2回目	3回目	4回目	5回目

③ 「가役になる ⬇DL 99」の音声を聞き、가の部分でせりふを言います。なるべく本を見ないで、すらすら言えるようになったらOKです。

1回目	2回目	3回目	4回目	5回目

④ 「日本語レスポンス ⬇DL 100」の音声を流し、日本語を聞いたらすぐ韓国語で言ってみましょう。すらすら言えるようになったらOKです。

1回目	2回目	3回目	4回目	5回目

✔ できたかな？
チェックリスト

□ 文章を読んで大意をつかむことができた
□ 文章の内容を要約することができた
□ 文章を正確に聞き取れた
□ テーマに沿った会話ができた

'호캉스'를 아세요?

「ホカンス」をご存じですか？

1日目 ▶ 読む 書く

学習日 ．　．

学習時間

1 本文を読む ⏳2分以内

次の文章を2分以内で読み、(1)(2)を解いてください。

　　호캉스(Hocance)란 호텔(Hotel)과 바캉스(Vacance)를 합성해① 만든 신조어로 호텔에서 휴가를 보내는 것을 의미한다. 여행지에서 숙박을 위해 이용하는 것이 아닌 호텔 그 자체가 목적이라는 점이 일반 여행에서의 호텔 이용과 다른 점이다.

　　호캉스를 즐기기 위해 들어가는 비용은 관광지나 해외여행에 드는 비용보다 저렴해서 가성비 면에서도 뛰어나다. 복잡한 관광지를 돌기보다② 호텔 내의 수영장이나 헬스장, 사우나, 뷔페 등 다양한 부대시설을 이용하며 느긋하게 휴식을 취하고 싶은 현대인들에게 어울리는 휴가 스타일이라 할 수 있다.

　　한 예약 앱의 관계자에 의하면 설이나 추석같은 큰 명절 연휴가 끝나기가 무섭게③ 호캉스를 보내기 위한 예약이 급증한다고 한다. 2020년 설 연휴 직후 역시 1주일간의 숙박 예약은 호텔과 리조트 부문이 약 60%를 차지해 지난해에 비해 8.4%포인트 증가했다고 한다.

　　이와 같은 경향을 반영해서 전국의 유명 호텔에서는 '명절증후군 극복을 위한 호캉스' 등 다양한 테마의 패키지 상품을 출시하고 있다.

(1) ⌛1分以内

次の選択肢の中から、文章の主旨に最も近いものを一つ選んでください。

① 休暇をホテルで過ごそうという現代人が増えている。
② ホカンスは休暇をのんびり過ごしたい人たちに一番人気がある休暇スタイルだ。
③ 混雑する観光地を好まない人たちのために、ホカンス商品をもっと作るべきだ。
④ 祝日症候群を克服するには、ホカンスが一番効果的だ。

(2) ⌛1分以内

次の選択肢の中から、文章の内容に最も近いものを一つ選んでください。

① 일반 여행보다 비용이 저렴하다는 점이 호캉스의 가장 큰 장점이다.
② 호캉스의 목적은 호텔의 부대시설을 이용하고 쉬는 것이다.
③ 호캉스 예약은 인터넷을 통해서만 가능하다.
④ 호캉스 예약은 큰 명절 연휴가 끝나기 직전에 급증한다.

▶本文の大まかな流れを確認しましょう！

　ホテルで休暇を過ごすことを意味するホカンスをテーマにした文章です。第1段落ではホカンスの定義と、一般の旅行とは異なる点が述べられています。ホカンスという言葉は「ホテル」と「バカンス」を合成して作った造語ですが、初めてこの言葉を目にした読者の方も多いことでしょう。そうした方のために第1段落で、この言葉の意味を説明し、理解できるように配慮されています。

　第2段落ではホカンスの長所が述べられています。一般の旅行よりも手頃な値段でホテルのあらゆる施設を利用できることから、ホカンスはゆっくり休みたい現代人に適した休息の取り方であるという筆者の考えが述べられています。

　第3段落では、予約アプリ関係者の話を基に、2020年の正月連休直後の1週間の宿泊予約が昨年比8.4%ポイント増加したことを伝えています。関係者の言葉を引用することで論旨に説得性を持たせています。

　最終段落は「祝日症候群克服」など、ホカンスをテーマにしたさまざまなパッケージ商品を売り出しているという有名ホテルの戦略を紹介して締めくくっています。

> 間違ったり、分からなかったりした場合は、次ページの **2** に目を通してから、もう一度取り組んでみましょう。

2 語彙と文法解説　⬇ DL 101

□ 합성하다	合成する		□ 휴식	休息
□ 신조어	造語 漢 新造語		□ 취하다	取る 漢 取--
□ 숙박	宿泊		□ ~에 의하면	~によると 漢 -依--
□ 점	ところ、点		□ 직후	直後
□ 들다	(費用が)かかる		□ 차지하다	占める
□ 비용	費用		□ 증가하다	増える、増加する
□ 가성비	コスパ ※「가격(価格)」の가、「성능(性能)」の성、「대비(対比)」の비を組み合わせた造語。		□ 명절증후군	祝日症候群 漢 名節症候群 ※秋夕などの大型連休で、料理や祭祀の準備がストレスとなり体調不良に陥ること。
□ 뛰어나다	優れている、ずば抜けている			
□ 부대시설	付帯施設 漢 附帯施設		□ 극복	克服
□ 느긋하게	ゆったり、のんびり ※느긋하다(のんびりしている)		□ 출시	発売、リリース 漢 出市 ※출시하다(売り出す)

① 用言語幹 + -아 / 어　～して、～なので、～し

도서관에 **가** 숙제를 했다.　図書館に行って宿題をした。

이가 **아파** 밥을 못 먹었다.　歯が痛いのでご飯が食べられなかった。

tips👍 原因・理由や、動作や時間の前後関係を表す -아 / 어서の서が省略された形です。ただし原因・理由の意味、-아 / 어서 미안합니다 / 고맙습니다や-아 / 어서 그래요等の慣用表現などでは서を省略すると不自然な場合があります。

② 用言語幹 + -기보다　～するより

혼자서 빨리 **가기보다** 함께 천천히 가는 게 좋지요.

一人で早く行くより、一緒にゆっくり行くのがいいでしょう。

③ 動詞語幹 + -기가 무섭게　～するとすぐに、～するや否や

강사는 수업을 **끝내기가 무섭게** 교실 밖으로 나갔어요.

講師は授業を終えるとすぐに教室の外に出ていきました。

tips👍 直訳すると「～(する)のが恐ろしく」です。-기가 무섭게は、同じ意味を持つ-자마자に置き換えられます。

3 仕上げの問題

(1) 下線部に入るものを **2** の語彙から選び、用言は下線部上に示したヒントを参考
に活用させて文を完成させましょう。

① 코로나 19로 인해 생겨난 ＿＿＿＿＿＿＿들이 너무 재미있다.

② 온가족이 함께 ＿＿＿＿＿＿＿을 극복하고 즐거운 추석을 맞이해요!

③ 너무 무리하지 말고 하루쯤은 집에서 ＿＿＿＿＿＿＿을 취하세요.

④ 우리 집 생활비의 대부분을 ＿＿＿＿＿＿＿는 것은 역시 식비예요.

⑤ 스마트폰 최신 모델의 ＿＿＿＿＿＿＿가 너무 기다려진다.

(2) 下線部かっこ内の単語と下の 表現 を組み合わせ、文を完成させましょう。

① 코치의 지시가 (떨어지다) ＿＿＿＿＿＿＿＿＿ 선수들은 곧바로 운동장에 모였다.

② 그녀는 털코트를 (꺼내다) ＿＿＿＿＿＿＿ 입고 갔다.

③ 그렇게 복잡한 요리라면 집에서 (만들다) ＿＿＿＿＿＿＿ 밖에서 먹는 게
편하겠다.

> 表現　　-아/어　　　-기가 무섭게　　　-(으)ㄹ 테니　　　-기보다

(3) 今日読んだ文章を要約したものです。次の語句を使って韓国語に訳してみましょう。

> 混雑する観光地を巡る一般の旅行より、ホテルの**부대시설**(付帯施設)を利用
> して**느긋하게**(ゆっくり)休息を取ろうとする現代人が増えている。このよう
> な傾向を反映して、有名ホテルは多様なテーマのホカンス商品を**출시**(発売)
> している。

2 日目 ▶ 聞 く　話 す

学習日　　　　・　　　・

学習時間

1 本 文 の 音 声 を 聞 く　⤓ DL 102

(1) 文章を見ないで音声を2〜3回聞いて、聞き取れた語句をノートにメモしてください。

(2) 下の文章を見て、(1)で聞き取れなかった部分にはアンダーラインを引きます。次に、もう一度音声を聞きながら、一息で読む切れ目に斜線を記入しましょう。

　　호캉스(Hocance)란 호텔(Hotel)과 바캉스(Vacance)를 합성해 만든 신조어로 호텔에서 휴가를 보내는 것을 의미한다. 여행지에서 숙박을 위해 이용하는 것이 아닌 호텔 그 자체가 목적이라는 점이 일반 여행에서의 호텔 이용과 다른 점이다.

　　호캉스를 즐기기 위해 들어가는 비용은 관광지나 해외여행에 드는 비용보다 저렴해서 가성비 면에서도 뛰어나다. 복잡한 관광지를 돌기보다 호텔 내의 수영장이나 헬스장, 사우나, 뷔페 등 다양한 부대시설을 이용하며 느긋하게 휴식을 취하고 싶은 현대인들에게 어울리는 휴가 스타일이라 할 수 있다.

　　한 예약 앱의 관계자에 의하면 설이나 추석같은 큰 명절 연휴가 끝나기가 무섭게 호캉스를 보내기 위한 예약이 급증한다고 한다. 2020년 설 연휴 직후 역시 1주일간의 숙박 예약은 호텔과 리조트 부문이 약 60%를 차지해 지난해에 비해 8.4% 포인트 증가했다고 한다.

　　이와 같은 경향을 반영해서 전국의 유명 호텔에서는 '명절증후군 극복을 위한 호캉스' 등 다양한 테마의 패키지 상품을 출시하고 있다.

2 聞き取りトレーニング

(1) シャドーイング

段落ごとに分けた音声 ⬇ DL 103~106 を使ってシャドーイングにチャレンジしてみましょう。（各段落目標3~5回）

第1段落

1回目	2回目	3回目	4回目	5回目

第2段落

1回目	2回目	3回目	4回目	5回目

第3段落

1回目	2回目	3回目	4回目	5回目

第4段落

1回目	2回目	3回目	4回目	5回目

(2) 音読　⧗ 2分以内

文章を見ながら全体を音読します。最初は自分のペースでOKです。2分以内で読めるようになるまで音読しましょう。（目標5~10回）

1回目	2回目	3回目	4回目	5回目	6回目	7回目	8回目	9回目	10回目

(3) 聞き取り確認

最後に文章を見ないで音声を聞き、**1**の(2)でアンダーラインを引いた「聞き取れなかった部分」を中心に、全て聞き取れるようになったか確認しましょう。聞き取れない部分がまだ残っている場合は、その部分だけを5回程度音読し、さらに全体を流して聞き取れたか確認しましょう。

3 仕上げの問題

(1) 次の問いに、文章を見ずに韓国語で答えてください。また、答える際は、声に出して言ってからノートに書いてください。　⬇ DL 107

① ホカンスとは何を意味する言葉ですか?

② 旧正月や大型連休の後のホテルの予約が急増する理由についてあなたの考えを書いてください。

(2) 発展会話

「発展会話全文 ⬇ DL 108」の音声を聞き、次の対話文の下線部を埋めて文章を完成させましょう。(目標3回)

가 : 부모님 결혼 기념일 선물을 해 드리고 싶은데 뭐가 좋을까요?

나 : 요즘 유행하는 호캉스는 어때요? 좋은 호텔에서 ①＿＿＿＿＿＿＿＿＿＿을
　　이용하며 쉬는 거래요.

가 : 그런 것도 있어요? 호텔인데 ②＿＿＿＿＿＿＿＿＿이 목적이 아닌 거네요?

나 : 맞아요. 가격도 저렴하고 ③＿＿＿＿＿＿＿＿＿ 휴식도 취할 수 있어서
　　좋대요.

가 : 괜찮네요. ④＿＿＿＿＿＿＿＿＿도 좋고 어디 돌아다니느라 피곤하지도 않고.

나 : 저도 요즘 ⑤＿＿＿＿＿＿＿＿＿ 때문인지 우울해서 호캉스라도 가고 싶네요.

次の順番で会話練習をしてみましょう。(各目標3〜5回)

① 「発展会話全文 ⬇DL 108 」の音声を聞きながら、一緒に言ってみましょう。なるべく本を見ないで、すらすら言えるようになったらOKです。

1回目	2回目	3回目	4回目	5回目

② 「나役になる ⬇DL 109 」の音声を聞き、나の部分でせりふを言います。なるべく本を見ないで、すらすら言えるようになったらOKです。

1回目	2回目	3回目	4回目	5回目

③ 「가役になる ⬇DL 110 」の音声を聞き、가の部分でせりふを言います。なるべく本を見ないで、すらすら言えるようになったらOKです。

1回目	2回目	3回目	4回目	5回目

④ 「日本語レスポンス ⬇DL 111 」の音声を流し、日本語を聞いたらすぐ韓国語で言ってみましょう。すらすら言えるようになったらOKです。

1回目	2回目	3回目	4回目	5回目

✔ できたかな？
チェックリスト

☐ 文章を読んで大意をつかむことができた
☐ 文章の内容を要約することができた
☐ 文章を正確に聞き取れた
☐ テーマに沿った会話ができた

テーマ 12

그루밍족이
늘어난다

グルーミング族が増える

샤라 @sharazstory

올해 남친 생일 선물은 남성 에
스테틱 티켓으로 해야겠다.
#남성_전용_에스테틱 #남성_
메이크업

今年の彼氏の誕生日プレゼントは男
性エステチケットにしようっと。
#男性専用エステ #男性メイク

(**1** 日目) ▶ **読む** **書く**

学習日　　　.　　　.

学習時間

1 本 文 を 読 む 🕑 **2分以内**

次の文章を2分以内で読み、**(1)(2)**を解いてください。

　　뷰티업계에 새로운 바람이 불고 있다. 외모 관리에 관심이 많고 아낌없이 투자하는
남자를 일컫는 '그루밍족'이 늘어나면서 그들을 새로운 타겟으로 한 다양한 남성 화장품
과 미용 기기들이 등장하기 시작했다[①].

　　한 모바일 리서치에서 2020년 20~49세 남성 750명을 대상으로 조사한 결과에 따
르면 사용하는 뷰티 제품 개수가 늘었고 과반수가 피부 관리를 하는 것으로 나타났다.
연령별로 보면 20대 남성은 블랙헤드나 피부 트러블에 관련된 고민이 많은 반면에[②] 40
대 남성은 건조함과 피부 탄력 저하, 주름을 고민하는 경우가 많았다. 연령대가 낮을수
록[③] 피부 관리와 자기 관리에 대한 관심이 높았고 20~30대 응답자 2명 중 1명은 피부
관리 및 시술 경험이 있다고 응답했다.

　　이렇듯 피부 관리에 대한 관심은 높아지고 있지만 아직 여성들과 비교해 피부과나 에
스테틱을 찾아가기보다 홈케어를 이용하는 남성들이 많은 추세다. 올해 발렌타인데이
에는 남성 화장품 외에 홈케어 디바이스의 판매율이 높아진 것도 이를 반영한다.

104

(1) ⏳1分以内

次の選択肢の中から、文章の主旨に最も近いものを一つ選んでください。

① 女性よりルックス管理に関心が高い男性が増えている。
② ルックス管理において女性はエステを、男性はホームケアを利用する比率が高い。
③ ルックス管理に関心が高い男性が増え、関連商品の売れ行きが良くなった。
④ グルーミング族の増加はビューティー業界の展望を明るくしている。

(2) ⏳1分以内

次の選択肢の中から、文章の内容に最も近いものを一つ選んでください。

① 外모 관리에 관심 많은 남성들을 겨냥한 뷰티 제품이 등장했다.
② 남성은 연령대가 낮을수록 피부 노화를 고민하는 경우가 많다.
③ 설문에 응한 남성들 2명 중 1명은 피부 관리와 시술 경험이 있다고 했다.
④ 올해 발렌타인데이에는 남성 화장품보다 홈케어 디바이스의 판매율이 높았다.

▶ **本文の大まかな流れを確認しましょう！**

　第1段落ではルックス管理に関心が高く、惜しみなく投資する男性を称する「グルーミング族」の紹介と、彼らを新たな消費ターゲットとした男性化粧品と美容機器が登場していることが述べられています。
　第2段落では、あるモバイルリサーチによる、20～49歳の男性750人を対象に行われた調査結果を具体例として挙げ、調査対象男性のビューティー製品の使用傾向や、肌に関する悩みを年代別に述べています。
　第3段落では前段落で述べた調査結果を分析しています。男性においてスキンケアに対する関心が高まっているものの、まだ女性と比較すると皮膚科やエステに通うよりもホームケアを利用する男性が多い傾向にあり、その年のバレンタイン商戦でホームケア用品の売り上げが良くなったと分析し、全体の文章を締めくくっています。

間違ったり、分からなかったりした場合は、次ページの **2** に目を通してから、もう一度取り組んでみましょう。

2 語彙と文法解説 ⬇ DL 112

□ 외모 관리　ルックス管理
　　　　　　　漢 外貌管理　※외모(外見)
□ 아낌없이　惜しまず、惜しみなく
□ 투자하다　投資する
□ 일컫다　称する、名付けて呼ぶ
□ 그루밍족　グルーミング族
　　　　　　※ファッションと美容に惜しみ
　　　　　　なくお金を使う男性

□ 개수　個数
□ 늘다　増える
□ 과반수　過半数
□ 연령별　年齢別
□ 블랙헤드　毛穴の黒ずみ
□ 건조함　乾燥　※건조하다(乾燥する)

□ 탄력　弾力
□ 저하　低下
□ 주름　しわ
□ 경우　ケース、場合　漢 境遇
□ 시술　施術
□ 이렇듯　このように
□ 에스테틱　エステ　※피부관리샵(スキ
　　　　　　ンケアショップ)ともいう
□ 추세　傾向、トレンド　漢 趨勢
□ 판매율　売れ行き　漢 販売率
□ 반영하다　反映する

---

① **動詞語幹 ＋ -기 시작하다**　〜し始める

작년부터 한국어를 배우기 시작했어요.　昨年から韓国語を学び始めました。

② **用言語幹 ＋ -(으)ㄴ/는 반면에**　〜する反面、〜する一方で

그 배우는 남자에게 인기가 **많은 반면에** 여자에게는 인기가 없어요.
あの俳優は男性に人気が高い反面、女性には人気がありません。

tips👆　에を省略して-(으)ㄴ/는 반면の形でも用いられます。

③ **用言語幹 ＋ -(으)ㄹ수록**　〜するほど、〜なほど

돈이 **많을수록** 걱정도 많아진다.　お金が多いほど、心配も多くなる。

tips👆　-(으)면　-(으)ㄹ수록の形で、「〜すれば〜するほど」の意味になります。한국어는 배우면 배
울수록 어려운 것 같아요.(韓国語は学べば学ぶほど難しいと思います。)

3 仕上げの問題

(1) 下線部に入るものを **2** の語彙から選び、用言は下線部上に示したヒントを参考に活用させて文を完成させましょう。

① 남성들 중에는 _____ 에 관심이 많은 사람도 있다.

② 외모 관리를 위해 아낌없이 투자하는 남자를 _____ 이라고 한다.

③ 한 모바일 리서치에 의하면 20세에서 49세 남성의 _____ 가 피부 관리를 하고 있다고 한다.

④ 에어컨 바람 때문에 피부의 _____ 이 점점 심해진다.

⑤ 유난히 더웠던 이번 여름 에어컨의 _____ 은 작년의 두 배로 뛰어올랐다.

(2) 下線部かっこ内の単語と下の 表現 を組み合わせ、必要に応じて下線部に示した語尾を接続して文を完成させましょう。

① 처음으로 한국 소설을 (읽다) _____ -았/었는데 사전을 찾으면서 읽으니까 그렇게 어렵지 않았다.

② 마감 기한까지 시간이 빡빡하니 작업은 (빠르다) _____ 좋습니다.

③ 한국의 북부는 산악 지대가 (많다) _____ 남서부는 평야 지대가 많은 편입니다.

> **表現**　-(으)ㄹ수록　-기 시작하다　-(으)려고 하다　-(으)ㄴ/는 반면에

(3) 今日読んだ文章を要約したものです。次の語句を使って韓国語に訳してみましょう。

> ルックス管理に関心が高い男性を**일컫는**(称する)「グルーミング族」が増えると同時に、ビューティー業界では彼らを**타겟으로**(ターゲットに)化粧品とホームケア用品など、多様な**미용 관련 상품**(美容関連商品)を売り出し始めた。

1 本文の音声を聞く　⤓ DL 113

(1) 文章を見ないで音声を2～3回聞いて、聞き取れた語句をノートにメモしてください。

(2) 下の文章を見て、(1)で聞き取れなかった部分にはアンダーラインを引きます。次に、もう一度音声を聞きながら、一息で読む切れ目に斜線を記入しましょう。

　뷰티업계에 새로운 바람이 불고 있다. 외모 관리에 관심이 많고 아낌없이 투자하는 남자를 일컫는 '그루밍족'이 늘어나면서 그들을 새로운 타겟으로 한 다양한 남성 화장품과 미용 기기들이 등장하기 시작했다.

　한 모바일 리서치에서 2020년 20~49세 남성 750명을 대상으로 조사한 결과에 따르면 사용하는 뷰티 제품 개수가 늘었고 과반수가 피부 관리를 하는 것으로 나타났다. 연령별로 보면 20대 남성은 블랙헤드나 피부 트러블에 관련된 고민이 많은 반면에 40대 남성은 건조함과 피부 탄력 저하, 주름을 고민하는 경우가 많았다. 연령대가 낮을수록 피부 관리와 자기 관리에 대한 관심이 높았고 20~30대 응답자 2명 중 1명은 피부 관리 및 시술 경험이 있다고 응답했다.

　이렇듯 피부 관리에 대한 관심은 높아지고 있지만 아직 여성들과 비교해 피부과나 에스테틱을 찾아가기보다 홈케어를 이용하는 남성들이 많은 추세다. 올해 발렌타인데이에는 남성 화장품 외에 홈케어 디바이스의 판매율이 높아진 것도 이를 반영한다.

2 聞き取りトレーニング

（1） シャドーイング

段落ごとに分けた音声 ⬇ DL 114～116 を使ってシャドーイングにチャレンジしてみましょう。（各段落目標3～5回）

第1段落

1回目	2回目	3回目	4回目	5回目

第2段落

1回目	2回目	3回目	4回目	5回目

第3段落

1回目	2回目	3回目	4回目	5回目

（2） 音読　⏳2分以内

文章を見ながら全体を音読します。最初は自分のペースでOKです。2分以内で読めるようになるまで音読しましょう。（目標5～10回）

1回目	2回目	3回目	4回目	5回目	6回目	7回目	8回目	9回目	10回目

（3） 聞き取り確認

最後に文章を見ないで音声を聞き、**1**の**(2)**でアンダーラインを引いた「聞き取れなかった部分」を中心に、全て聞き取れるようになったか確認しましょう。聞き取れない部分がまだ残っている場合は、その部分だけを5回程度音読し、さらに全体を流して聞き取れたか確認しましょう。

3 仕上げの問題

(1) 次の問いに、文章を見ずに韓国語で答えてください。また、答える際は、声に出して言ってからノートに書いてください。　📥DL 117

① グルーミング族とは何ですか?

② 20代と40代、それぞれの男性の肌の悩みは何ですか?

(2) 発展会話

「発展会話全文　📥DL 118」の音声を聞き、次の対話文の下線部を埋めて文章を完成させましょう。(目標3回)

가 : 강태 씨도 ① _____ 하세요?

나 : 그럼요. 화장품에는 ② _____ 투자해요.

가 : 오~ 그루밍족이시네요. ③ _____ 에도 다니세요?

나 : 아뇨, 거기까지는 못 하고 그냥 집에서 케어하는 정도예요.

가 : 우리 나이가 되면 남자든 여자든 피부 ④ _____ 이랑

⑤ _____ 이 제일 고민이죠.

나 : 맞아요. 그러니까 피부 관리는 빨리 시작할수록 좋은 거예요.

次の順番で会話練習をしてみましょう。(各目標3〜5回)

① 「発展会話全文 ⬇DL 118」の音声を聞きながら、一緒に言ってみましょう。なるべく本を見ないで、すらすら言えるようになったらOKです。

1回目	2回目	3回目	4回目	5回目

② 「나役になる ⬇DL 119」の音声を聞き、나の部分でせりふを言います。なるべく本を見ないで、すらすら言えるようになったらOKです。

1回目	2回目	3回目	4回目	5回目

③ 「가役になる ⬇DL 120」の音声を聞き、가の部分でせりふを言います。なるべく本を見ないで、すらすら言えるようになったらOKです。

1回目	2回目	3回目	4回目	5回目

④ 「日本語レスポンス ⬇DL 121」の音声を流し、日本語を聞いたらすぐ韓国語で言ってみましょう。すらすら言えるようになったらOKです。

1回目	2回目	3回目	4回目	5回目

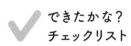 **できたかな？**
チェックリスト

- ☐ 文章を読んで大意をつかむことができた
- ☐ 文章の内容を要約することができた
- ☐ 文章を正確に聞き取れた
- ☐ テーマに沿った会話ができた

テーマ **13**

화폐의 도안

貨幣の図案

샤라 @sharazstory

세계 화폐 전시회 갔다 왔는데 컬러풀하고 예쁜 디자인이 너무 많다. 돈이 저렇게 예쁘면 못 쓰고 방에 장식하고 싶을 듯ㅋ
#세계화폐_전시회

世界貨幣展示会に行ってきたんだけど、カラフルで、きれいなデザインがとっても多いの。お金があんなにきれいだと使えないし、部屋に飾りたくなりそう(笑)
#世界貨幣展示会

1日目 ▶ 読む 書く

学習日 ・ ・

学習時間

1 本 文 を 読 む ⏳2分以内

次の文章を2分以内で読み、(1)(2)を解いてください。

　화폐의 도안으로 가장 많이 쓰이는 소재는 인물 초상이라고 합니다. 훌륭한 인물을 넣어야[1] 지폐의 신뢰도를 높일 수 있고 다른 소재보다 위조가 어렵기 때문이라는 이유도 있다고 하네요.

　한국의 화폐도 인물 도안이 많은데요, 백 원 주화에는 이순신 장군, 천 원권과 오천 원권에는 각각 조선 시대 학자인 이황과 이이, 만 원권에는 세종대왕, 오만 원권에는 이이의 어머니인 신사임당의 초상이 사용되고 있습니다.

　하지만 세계의 화폐 중에는 인물 초상이 아닌 것도 많이 있다고 하네요. 네덜란드의 화폐는 화가 고흐의 '해바라기'를 연상시키는 오렌지 빛깔의 화려한 디자인을 사용하고 있고요[2], 베트남은 강렬한 선홍빛을 사용한 호랑이 그림을, 이탈리아는 화가 카라바지오의 자화상과 그의 작품을 도안으로 사용했습니다. 스웨덴의 지폐에는 한국에서도 애니메이션으로 방영된 적이 있는[3] 스웨덴 동화 〈닐스의 모험〉의 한 장면을 새겨 넣었다고 하네요.

　이렇게 화폐의 디자인은 그 나라의 문화와 미학까지 느끼게 해 줍니다. 일상에서 사용하는 화폐의 소소한 아름다움은 생활에 작은 즐거움을 더해 줄 수 있을 것 같네요.

112

（1） ⏳1分以内

次の選択肢の中から、文章の主旨に最も近いものを一つ選んでください。

　① 貨幣の偽造を防止するために、人物図案を使用することが望ましい。

　② 貨幣のデザインは人物肖像だけでなく、非常に多様である。

　③ 貨幣の多様なデザインを通して、その国特有の文化と美学を知ることができる。

　④ 貨幣は日常で使用するものであるので、美しいデザインが重視される。

（2） ⏳1分以内

次の選択肢の中から、文章の内容に最も近いものを一つ選んでください。

　① 세계의 화폐 도안은 인물 초상과 유명 화가의 작품이 대부분이다.

　② 한국 지폐의 디자인은 인물 도안이 많다.

　③ 네덜란드와 베트남의 화폐는 흑백이지만 강렬한 인상을 준다.

　④ 세계 각국의 화폐의 디자인을 감상하는 것은 소소한 즐거움을 주는 일이다.

▶本文の大まかな流れを確認しましょう！

　貨幣のデザインをテーマとした内容の文章です。第1段落では、貨幣の画像に人物の肖像が選ばれる理由として、信頼度が高まること、また偽造の防止を挙げ、その具体例として第2段落で韓国の貨幣に描かれているさまざまな肖像について紹介しています。

　第3段落では、韓国以外の世界の国々の貨幣を取り上げていますが、それらの中には人物の肖像ではなく、例えばその国を代表するモチーフが描かれるなどの事例があることを紹介しながら、読者の興味を引き付けています。

　最終段落は、「貨幣のデザインの美しさが、日常にささやかな楽しみをもたらしてくれる」という筆者の主張でまとめています。

間違ったり、分からなかったりした場合は、次ページの **2** に目を通してから、もう一度取り組んでみましょう。

2 語彙と文法解説　⬇ DL 122

□ 화폐	貨幣	□ 강렬하다	強烈だ	
□ 도안	図案	□ 선홍빛	鮮やかな紅色 **漢** 鮮紅-	
□ 소재	素材	□ 자화상	自画像	
□ 초상	肖像	□ 방영	放映 ※방영되다(放映される)	
□ 훌륭하다	立派だ、偉い	□ 동화	童話	
□ 지폐	紙幣	□ 모험	冒険	
□ 신뢰도	信頼度、信頼性	□ 장면	場面	
□ 위조	偽造	□ 새기다	刻む ※새겨 넣다(刻み込む)	
□ 주화	硬貨、コイン **漢** 鋳貨	□ 미학	美学	
□ 학자	学者	□ 소소하다	ささいだ、細かだ、わずかだ **漢** 小少--	
□ 화가	画家	□ 더하다	加える、増す ※더해 주다(加えてくれる)	
□ 연상시키다	連想させる **漢** 聯想--			
□ 빛깔	色彩			

① 用言語幹 + -아/어야　〜してこそ

열심히 **공부해야** 시험에 합격할 수 있을 거예요.

一生懸命勉強してこそ、試験に合格できるでしょう。

> **tips** 👆 -아/어야 하다(되다)は「〜しなければならない」という義務の意味を表す表現です。

② 用言語幹 + -고요　〜まして、〜でして、〜ですし

저는 지금 서울에 **있고요**, 신촌에서 하숙하고 있어요.

私は今、ソウルにいてですね、新村で下宿しています。

나는 20대 주부**이고요**, 아이가 하나 있어요.

私は20代の主婦でして、子どもが一人います。

> **tips** 👆 長い文章を区切り、かつ会話らしくソフトな口語表現です。特にソウルにおいては-고요を-구요と言う傾向があります。

③ 用言語幹 + -(으)ㄴ 적이 있다　〜したことがある

한국 드라마를 **본 적이 있어요**? 韓国ドラマを見たことがありますか？

> **tips** 👆 「〜したことがない」の意味では-(으)ㄴ 적이 없다を用います。

3 仕 上 げ の 問 題

(1) 下線部に入るものを **2** の語彙から選び、用言は下線部上に示したヒントを参考
に活用させて文を完成させましょう。

① 이번 정책에 실패하면 정부에 대한 _____가 떨어질 것이다.

② 책에서 읽었는데 _____ 지폐를 가려내는 방법도 여러 가지 있더라고요.

③ 한국의 화폐 도안의 특징은 인물 _____이 많다는 것이다.

④ 작년에 파리에서 본 센 강은 서울의 한강을 _____시켰다.

⑤ 스스로의 얼굴을 그린 그림을 _____이라고 한다.

(2) 下線部かっこ内の単語と下の 表現 を組み合わせ、必要に応じて下線部に示した
語尾を接続して文を完成させましょう。

① 저는 BTS 팬이에요. 노래도 (좋다) _____, 칼군무도 너무 멋있어요.

② 여기는 전에 한 번 (오다) _____-는 곳이라서 낯설지 않네요.

③ 매일 아침 6시에 (일어나다) _____ 제시간에 지하철을 탈 수 있어요.

> **表現**　-(으)ㄴ 적이 있다　　-(으)ㄹ 수밖에 없다　　-고요　　-아/어야

(3) 今日読んだ文章を要約したものです。次の語句を使って韓国語に訳してみましょう。

> 貨幣の図案は**신뢰도**(信頼度)と**위조 방지**(偽造防止)のために人物の肖像が
> 最も多く使用されている。しかし世界の貨幣の中には、人物の肖像ではない
> ものも多く、このような多様な貨幣のデザインはその国の文化と**미학**(美学)
> まで感じさせてくれる。

1 本文の音声を聞く ⬇ DL 123

(1) 文章を見ないで音声を2〜3回聞いて、聞き取れた語句をノートにメモしてください。

(2) 下の文章を見て、(1)で聞き取れなかった部分にはアンダーラインを引きます。次に、もう一度音声を聞きながら、一息で読む切れ目に斜線を記入しましょう。

　화폐의 도안으로 가장 많이 쓰이는 소재는 인물 초상이라고 합니다. 훌륭한 인물을 넣어야 지폐의 신뢰도를 높일 수 있고 다른 소재보다 위조가 어렵기 때문이라는 이유도 있다고 하네요.

　한국의 화폐도 인물 도안이 많은데요, 백 원 주화에는 이순신 장군, 천 원권과 오천 원권에는 각각 조선 시대 학자인 이황과 이이, 만 원권에는 세종대왕, 오만 원권에는 이이의 어머니인 신사임당의 초상이 사용되고 있습니다.

　하지만 세계의 화폐 중에는 인물 초상이 아닌 것도 많이 있다고 하네요. 네덜란드의 화폐는 화가 고흐의 '해바라기'를 연상시키는 오렌지 빛깔의 화려한 디자인을 사용하고 있고요, 베트남은 강렬한 선홍빛을 사용한 호랑이 그림을, 이탈리아는 화가 카라바지오의 자화상과 그의 작품을 도안으로 사용했습니다. 스웨덴의 지폐에는 한국에서도 애니메이션으로 방영된 적이 있는 스웨덴 동화 〈닐스의 모험〉의 한 장면을 새겨 넣었다고 하네요.

　이렇게 화폐의 디자인은 그 나라의 문화와 미학까지 느끼게 해 줍니다. 일상에서 사용하는 화폐의 소소한 아름다움은 생활에 작은 즐거움을 더해 줄 수 있을 것 같네요.

2 聞き取りトレーニング

（1） シャドーイング

　　段落ごとに分けた音声 ⬇DL 124~127 を使ってシャドーイングにチャレンジしてみましょう。（各段落目標3〜5回）

第1段落

1回目	2回目	3回目	4回目	5回目

第2段落

1回目	2回目	3回目	4回目	5回目

第3段落

1回目	2回目	3回目	4回目	5回目

第4段落

1回目	2回目	3回目	4回目	5回目

（2） 音読　⏱2分以内

　　文章を見ながら全体を音読します。最初は自分のペースでOKです。2分以内で読めるようになるまで音読しましょう。（目標5〜10回）

1回目	2回目	3回目	4回目	5回目	6回目	7回目	8回目	9回目	10回目

（3） 聞き取り確認

　　最後に文章を見ないで音声を聞き、**1**の**(2)**でアンダーラインを引いた「聞き取れなかった部分」を中心に、全て聞き取れるようになったか確認しましょう。聞き取れない部分がまだ残っている場合は、その部分だけを5回程度音読し、さらに全体を流して聞き取れたか確認しましょう。

3 仕上げの問題

(1) 次の問いに、文章を見ずに韓国語で答えてください。また、答える際は、声に出して言ってからノートに書いてください。　⬇ DL 128

① 貨幣の図案として使われる素材は人物肖像が多いそうですが、それはなぜですか?

② 韓国の紙幣に使われている肖像画は誰のものですか?　思い付くものを教えてください。

(2) 発展会話

「発展会話全文 ⬇ DL 129 」の音声を聞き、次の対話文の下線部を埋めて文章を完成させましょう。(目標3回)

가 : 한국 여행 때 쓰다 남은 지폐인데 자세히 보니까 ①＿＿＿＿＿＿＿＿＿이 참

　　 아름답네요.

나 : 그런데 한국 지폐에는 ②＿＿＿＿＿＿＿＿＿이 많아서 디자인이 다양하진 않

　　 은 것 같아요.

가 : 그런가요? 근데 이 오만 원 지폐의 인물은 누구죠?

나 : 그분은 조선 시대의 ③＿＿＿＿＿＿＿＿＿이이의 어머니 되시는 신사임당이

　　 세요.

가 : 아, 드라마로도 ④＿＿＿＿＿＿＿＿＿적이 있죠? 그럼 어머니와 아들이 지폐

　　 의 모델이 된 거네요.

나 : 맞아요. 둘 다 유명한 인물이죠. 신사임당은 ⑤＿＿＿＿＿＿＿＿＿로도 유명

　　 하신 분이세요.

次の順番で会話練習をしてみましょう。(各目標3～5回)

① 「発展会話全文 ⬇DL 129 」の音声を聞きながら、一緒に言ってみましょう。なるべく本を見ないで、すらすら言えるようになったらOKです。

1回目	2回目	3回目	4回目	5回目

② 「나役になる ⬇DL 130 」の音声を聞き、나の部分でせりふを言います。なるべく本を見ないで、すらすら言えるようになったらOKです。

1回目	2回目	3回目	4回目	5回目

③ 「가役になる ⬇DL 131 」の音声を聞き、가の部分でせりふを言います。なるべく本を見ないで、すらすら言えるようになったらOKです。

1回目	2回目	3回目	4回目	5回目

④ 「日本語レスポンス ⬇DL 132 」の音声を流し、日本語を聞いたらすぐ韓国語で言ってみましょう。すらすら言えるようになったらOKです。

1回目	2回目	3回目	4回目	5回目

✔ **できたかな?**
チェックリスト

☐ 文章を読んで大意をつかむことができた
☐ 文章の内容を要約することができた
☐ 文章を正確に聞き取れた
☐ テーマに沿った会話ができた

독서치료

ブックセラピー

샤라 @sharazstory

음악치료나 미술치료는 들어 봤는데 독서치료도 있구나. 하긴 책 속의 세상에 빠지면 번잡한 일상에서 벗어나기도 하니까.
#독서광 #책벌레

音楽療法とか、アートセラピーは耳にするけれど、ブックセラピーもあるのね。確かに本の中の世界にはまると、煩雑な日常から解放されることもある。
#読書狂 #本の虫

1日目 ▶ **読む 書く**

学習日 _____

学習時間 _____

1 本文を読む ⏳2分以内

次の文章を2分以内で読み、(1)(2)を解いてください。

　　독서치료란 정신적 건강을 위해 책을 사용하는 치료 방법을 의미한다. Bibliotherapy(독서치료)라는 말은 biblion(책)과 therapeia(병을 고치다)란 그리스어에서 유래한다. 고대의 가장 오래된 도서관인 테베의 도서관에는 '영혼을 치유하는 곳'이라는 현판이 있었고, 알렉산드리아의 도서관에서는 책을 '영혼을 치유하는 약'이라고 부르기도 했다고 한다.

　　이는 현대에 도서 자료에 내재한 생각이 독자의 정신적이고 심리적인 질병을 치료하는 데[①] 도움을 줄 수 있다는 생각으로 이어졌다. 책을 읽음으로써[②] 얻을 수 있는 효과는 다양한 연령과 계층에서 나타나고 있다.

　　한 전문대학에서 실시된 독서치료 프로그램은 자존감이 약한 재학생들을 대상으로 실시되었다. 프로그램 마지막 날 참가자들은 자신을 새롭게 바라보게 되었다며 만족감을 보였다. 천안시의 한 교도소에서 실시된 독서치료 프로그램은 대상자들의 호응이 높아 2017년부터 매년 행하고 있다. 그 밖에도 자살 시도를 했던 한 여고생은 시와 소설을 통한 독서치료를 거듭한 결과 자신의 삶을 적극적으로 계획하려는[③] 의지를 보이게 되었다고 한다.

(1) ⏳1分以内

次の選択肢の中から、文章の主旨に最も近いものを一つ選んでください。

① ブックセラピーの効果は、他の芸術を活用した治療より優れている。
② 読書を通した精神的治療の効果は、多様な年齢と階層で現れる。
③ 効果的なブックセラピープログラムが、多様な集団において実施されなくてはならない。
④ ブックセラピーは特に自尊感情が低い人々に大きな効果を示す。

(2) ⏳1分以内

次の選択肢の中から、文章の内容に最も近いものを一つ選んでください。

① 독서치료는 마음의 병뿐만 아니라 몸의 병까지 치료할 수 있다.
② 독서를 통해 정신적인 병을 치료한다는 개념은 고대부터 있었다.
③ 독서치료의 효과는 젊은 층에서 보다 확실하게 나타난다.
④ 독서치료에는 주로 시와 소설이 활용된다.

▶本文の大まかな流れを確認しましょう！

ブックセラピーに関する内容です。第1段落では、ブックセラピーが紹介され、その定義、歴史、そして古代の考えがそのまま現代のブックセラピーへ受け継がれていることが述べられています。

第2段落では、ブックセラピーの効果と、それを裏付けるための具体例を紹介すると前置きしています。

第3段落では具体例をいくつか挙げ、ブックセラピーの効果に信憑性を持たせています。

段落の冒頭に、その段落の「中心となる文章」＝「テーマ」である「ブックセラピーの効果」を述べ、その次に具体例（天安市の刑務所や女子高生の事例）を挙げて筆者の主張を裏付けるという書き方がなされています。これは論理的文章の典型的な書き方の手法ですが、この手法に慣れると、文章の構造が把握できるため、より速く、かつ正確に文章を読み進められるようになります。

間違ったり、分からなかったりした場合は、次ページの **2** に目を通してから、もう一度取り組んでみましょう。

語彙と文法解説　⬇ DL 133

□ 치료	治療 ※치료하다 (治療する、治す)		□ 계층	階層
			□ 재학생	在学生
□ 그리스어	ギリシャ語		□ 만족감	満足感
□ 유래하다	由来する		□ 교도소	刑務所　漢 矯導所
□ 영혼	魂、霊魂		□ 호응	反応、反響　漢 呼応
□ 치유하다	癒やす、治療する 漢 治癒--		□ 자살	自殺
			□ 시도	試み　漢 試図
□ 현판	看板、扁額　漢 懸板		□ 거듭하다	繰り返す
□ 내재하다	内在する		□ 삶	人生
□ 질병	病気、疾病		□ 의지	意志
□ 이어지다	つながる			
□ 효과	効果			

① 動詞語幹 + -는 데　　〜するのに、〜する場合

역에서 집까지 **걸어가는 데** 10분밖에 안 걸려요.

駅から家まで歩いて行くのに10分しかかかりません。

> tips👆　形が似た表現に -는데 がありますが、これは「〜なのに（逆接）」や「〜なのですが（前置き）」
> の意味になり、-는 데（〜するのに、〜する場合）とは意味が異なります。

② 動詞語幹 + -(으)ㅁ으로써　　〜することで、〜することによって

장바구니를 **사용함으로써** 비닐봉지를 줄일 수 있다.

買い物袋を使用することで、ビニール袋を減らすことができる。

> tips👆　理由、手段を表す表現で、書き言葉（文語）として使われます。

③ 動詞語幹 + -(으)려는　　〜しようとする

사려는 물건이 다 팔려서 그냥 돌아왔어요.

買おうとする品物が全部売れていたので、そのまま帰ってきました。

> tips👆　-(으)려고 하는の縮約形です。後ろには名詞が来ます。

3 仕上げの問題

(1) 下線部に入るものを **2** の語彙から選び、用言は下線部上に示したヒントを参考に活用させて文を完成させましょう。

① 이가 아플 때는 꼭 ＿＿＿＿＿＿＿＿를 받아야 해요.

② 그는 팬들의 ＿＿＿＿＿＿＿＿이 예상 외로 커 뿌듯하다고 한다.

③ 하는 일에 ＿＿＿＿＿＿＿＿을 느끼는 사람은 행복한 사람이다.

④ 독감, 신종플루 등은 겨울철에 발생하기 쉬운 ＿＿＿＿＿＿＿＿이다.

⑤ 아무리 힘들어도 노력을 ＿＿＿＿＿＿＿＿면 성공할 수 있어요.

(2) 下線部かっこ内の単語と下の 表現 を組み合わせ、文を完成させましょう。

① 요즘 젊은이들은 (결혼하다) ＿＿＿＿＿＿＿＿ 돈을 많이 안 쓴대요.

② 손가락을 많이 (움직이다) ＿＿＿＿＿＿＿＿ 두뇌의 발달을 도울 수 있습니다.

③ 단기간에 다이어트를 (하다) ＿＿＿＿＿＿＿ 사람에게 좋다고 해서 영양제를 샀는데 효과가 전혀 없어요.

| 表現 | -기보다 | -(으)려는 | -는 데 | -(으)ㅁ으로써 |

(3) 今日読んだ文章を要約したものです。次の語句を使って韓国語に訳してみましょう。

> ブックセラピーとは、精神的な健康のために本を使用する治療法である。ブックセラピーの効果は、**年齢と階層**(年齢と階層)を問わず現れていて、治療を受けた多くの人々が自分の人生を**긍정적으로**(肯定的に)見つめるようになった。

1 本文の音声を聞く ⤓ DL 134

(1) 文章を見ないで音声を2～3回聞いて、聞き取れた語句をノートにメモしてください。

(2) 下の文章を見て、**(1)** で聞き取れなかった部分にはアンダーラインを引きます。 次に、もう一度音声を聞きながら、 一息で読む切れ目に斜線を記入しましょう。

독서치료란 정신적 건강을 위해 책을 사용하는 치료 방법을 의미한다. Bibliotherapy (독서치료)라는 말은 biblion(책)과 therapeia(병을 고치다)란 그리스어에서 유래한다. 고대의 가장 오래된 도서관인 테베의 도서관에는 '영혼을 치유하는 곳'이라는 현판이 있었고, 알렉산드리아의 도서관에서는 책을 '영혼을 치유하는 약'이라고 부르기도 했다고 한다.

이는 현대에 도서 자료에 내재한 생각이 독자의 정신적이고 심리적인 질병을 치료하는 데 도움을 줄 수 있다는 생각으로 이어졌다. 책을 읽음으로써 얻을 수 있는 효과는 다양한 연령과 계층에서 나타나고 있다.

한 전문대학에서 실시된 독서치료 프로그램은 자존감이 약한 재학생들을 대상으로 실시되었다. 프로그램 마지막 날 참가자들은 자신을 새롭게 바라보게 되었다며 만족감을 보였다. 천안시의 한 교도소에서 실시된 독서치료 프로그램은 대상자들의 호응이 높아 2017년부터 매년 행하고 있다. 그 밖에도 자살 시도를 했던 한 여고생은 시와 소설을 통한 독서치료를 거듭한 결과 자신의 삶을 적극적으로 계획하려는 의지를 보이게 되었다고 한다.

2 聞き取りトレーニング

(1) シャドーイング

段落ごとに分けた音声 ⬇ DL 135〜137 を使ってシャドーイングにチャレンジしてみましょう。(各段落目標3〜5回)

第1段落

1回目	2回目	3回目	4回目	5回目

第2段落

1回目	2回目	3回目	4回目	5回目

第3段落

1回目	2回目	3回目	4回目	5回目

(2) 音読　⌛2分以内

文章を見ながら全体を音読します。最初は自分のペースでOKです。2分以内で読めるようになるまで音読しましょう。(目標5〜10回)

1回目	2回目	3回目	4回目	5回目	6回目	7回目	8回目	9回目	10回目

(3) 聞き取り確認

最後に文章を見ないで音声を聞き、**1**の(2)でアンダーラインを引いた「聞き取れなかった部分」を中心に、全て聞き取れるようになったか確認しましょう。聞き取れない部分がまだ残っている場合は、その部分だけを5回程度音読し、さらに全体を流して聞き取れたか確認しましょう。

3 仕上げの問題

(1) 次の問いに、文章を見ずに韓国語で答えてください。また、答える際は、声に出して言ってからノートに書いてください。　⬇ DL 138

① ブックセラピーとは何ですか?　またその言葉の由来について話してください。

② 読書で得られる効果は多様ですが、ある短期大学での事例を紹介してください。

(2) 発展会話

「発展会話全文 ⬇ DL 139」の音声を聞き、次の対話文の下線部を埋めて文章を完成させましょう。(目標3回)

> 가 : 비블리오테라피? 이게 뭐죠?
>
> 나 : 아, ①＿＿＿＿＿＿＿＿＿ 라고 그리스어에서 ②＿＿＿＿＿＿＿＿＿ 말이
> 에요.
>
> 가 : 아~ 지금 유행하는 아로마테라피 같은 거예요?
>
> 나 : 네. 아로마 향기로 정신이 ③＿＿＿＿＿＿＿＿＿ 것처럼 독서에도 힐링
> ④＿＿＿＿＿＿＿＿＿ 가 있다는 거죠.
>
> 가 : 여기에 정신과 의사들이 추천하는 힐링북이 소개되어 있네요.
>
> 나 : 이 <행복의 조건>이라는 책 강추예요. 독자들의 ⑤＿＿＿＿＿＿＿＿＿ 가 높
> 은 책이죠.

次の順番で会話練習をしてみましょう。（各目標3～5回）

① 「発展会話全文 ⬇DL 139」の音声を聞きながら、一緒に言ってみましょう。なるべく本を見ないで、すらすら言えるようになったらOKです。

1回目	2回目	3回目	4回目	5回目

② 「나役になる ⬇DL 140」の音声を聞き、나の部分でせりふを言います。なるべく本を見ないで、すらすら言えるようになったらOKです。

1回目	2回目	3回目	4回目	5回目

③ 「가役になる ⬇DL 141」の音声を聞き、가の部分でせりふを言います。なるべく本を見ないで、すらすら言えるようになったらOKです。

1回目	2回目	3回目	4回目	5回目

④ 「日本語レスポンス ⬇DL 142」の音声を流し、日本語を聞いたらすぐ韓国語で言ってみましょう。すらすら言えるようになったらOKです。

1回目	2回目	3回目	4回目	5回目

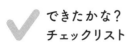

**できたかな？
チェックリスト**

☐ 文章を読んで大意をつかむことができた
☐ 文章の内容を要約することができた
☐ 文章を正確に聞き取れた
☐ テーマに沿った会話ができた

テーマ 15

교복의 역사

制服の歴史

샤라 @sharazstory

한복 교복을 도입하는 학교가 늘고 있대! 편한 생활한복 스타일이라는데 디자인도 컬러도 넘나 이쁘다~
#한복_교복 #개량_한복

韓服の制服を導入する学校が増えてるんだって！　楽な生活韓服スタイルというけれど、デザインもカラーもすごくかわいい〜
韓服の制服 # 改良韓服

1日目 ▶ 読む　書く

学習日　・　・

学習時間

---

1 本文を読む　⏳2分以内

次の文章を2分以内で読み、**(1)(2)** を解いてください。

　　한국 최초의 교복은 1886년 이화학당의 다홍색 치마저고리로 러시아제 붉은 목면으로 제작되었다. 여학생들은 이 교복을 입고 머리는 길게 땋거나 트레머리를 하곤 했다[①].

　　양장으로 된 교복은 1907년 숙명 여학교가 처음으로 채택했는데, 자주색 원피스에 분홍색 교모라는 여성스러운[②] 유럽풍 양장 스타일이 당시에는 너무 혁신적이라는 이유로 3년 뒤에 자주색 치마저고리로 교체되었다. 이후 본격적으로 양장을 교복으로 입게 된 것은 1930년대에 들어서부터이며 1940년대에는 제2차 세계대전의 영향으로 전시복과 같은 형태로 바뀌기도 했다.

　　교복의 스타일은 크고 작은 변화를 겪으며 1983년이 되면 중고등학생의 교복 및 두발 자유화가 추진되어 교복 자율화 시기를 맞게 된다. 이후 얼마 지나지 않아 생활지도가 어려워진 데다가[③] 가계 부담이 증가했다는 등의 이유로 다시 교복을 착용하게 되었고 현재까지 이어지고 있다.

　　최근에는 학생들 사이에서 교복을 짧고, 타이트하게 입는 스타일이 인기를 끌기도 했지만, 학생의 성장 발달에 저해된다는 점을 반영해서 서울시 교육청은 편안한 교복의 공론화를 진행 중이다.

(1) 🕐1分以内

次の選択肢の中から、文章の主旨に最も近いものを一つ選んでください。

① 歴史上のいかなる時期でも、制服は学生にとって重要なものである。
② 制服にかかる費用などの問題点を、社会的に世論形成しようとする動きが起きている。
③ どのような制服にしたら学生の成長発達の助けになるか、よく考えなくてはいけない。
④ 制服は、スタイルの変化や自由化など、多くの変化を経て存続している。

(2) 🕐1分以内

次の選択肢の中から、文章の内容に最も近いものを一つ選んでください。

① 처음 교복이 생겼을 때 여학생들의 머리는 생머리를 길게 내린 스타일이었다.
② 한복이 아닌 교복 스타일은 숙명 여학교에서 채택한 후 현재까지 이어지고 있다.
③ 교복 자율화 시기는 학부모의 경제적인 부담 등의 이유로 오래가지 못했다.
④ 최근의 교복은 불편하므로 편안한 스타일의 교복으로 바뀌어 가는 중이다.

▶本文の大まかな流れを確認しましょう!

　韓国の学校制服の歴史を扱った文章です。韓国の制服の変遷が段落別に時代ごとに整理して述べられていて、大変読みやすい構成となっています。第1、第2段落では、韓国の制服の始まりから1940年代までの動きが紹介されています。

　第3段落では80年代の制服自由化の動き、再び制服が着用されるようになった現代までの流れが時系列順に述べられています。

　最終段落では現代において人気のあるタイトで短いスタイルの制服の問題点を挙げ、ソウル市教育庁が、楽な制服の世論形成を進めているという、今後起こるであろう動きを示唆しながら文章を結んでいます。

> 間違ったり、分からなかったりした場合は、次ページの **2** に目を通してから、もう一度取り組んでみましょう。

☐ 최초	最初	☐ 두발 자유화	頭髪自由化
☐ 다홍색	深紅色、スカーレット 漢 - 紅色	☐ 추진되다	推進される
		☐ 교복 자율화	制服自由化 漢 校服自律化
☐ 목면	木綿		
☐ 제작되다	製作される	☐ 생활지도	生活指導
☐ 양장	洋装	☐ 가계 부담	家計負担
☐ 채택하다	採択する	☐ 착용하다	着用する
☐ 혁신적	革新的	☐ 끌다	引く ※인기를 끌다(人気を集める)
☐ 교체되다	交代される、交替される		
☐ 본격적	本格的	☐ 성장 발달	成長発達
☐ 영향	影響	☐ 저해되다	妨げになる、阻害される 漢 沮害--
☐ 전시복	国民服 漢 戦時服		
☐ 겪다	経験する、経る	☐ 공론화	世論形成 漢 公論化

① **動詞語幹 + -곤 하다**   よく~する

주말에는 남편과 함께 요리를 **하곤 해요**.

週末には夫と一緒によく料理をします。

> tips 👉 過去形の-곤 했다は、過去に繰り返し起こったことや、習慣的に繰り返していたことを表します。 어렸을 때 아버지하고 자주 야구장에 가곤 했어요.(幼い頃、父とよく野球場に行きました。)

② **名詞 + ~스럽다**   ~っぽい、~らしい

우리 딸은 나이에 비해 좀 **어른스러워요**.

うちの娘は年齢に比べて少し大人びています。

③ **用言語幹 + -(으)ㄴ/는 데다가**   ~な上に、~する上に

이 여행 상품은 **저렴한 데다가** 옵션이 많아요.

この旅行商品は安い上にオプションが多いです。

3 仕上げの問題

(1) 下線部に入るものを **2** の語彙から選び、用言は下線部上に示したヒントを参考に活用させて文を完成させましょう。

① 한국인 _____로 미니스커트를 입은 사람이 누구인지 아세요?

② 어제부터 _____으로 다이어트를 시작했어요.

③ 1983년에 교복 _____가 시행되었지만 3년 후부터 학교장의 재량에 맡겨졌다.

④ 3년 전의 촛불 집회로 인하여 정권이 _____되었다.

⑤ 초콜릿에 들어 있는 카페인은 어린이의 _____에 저해된다.

(2) 下線部かっこ内の単語と下の 表現 を組み合わせ、必要に応じて下線部に示した語尾を接続して文を完成させましょう。

① 학생 때는 밤도 잘 (새우다) _____ -았/었는데 지금은 저녁만 되면 눈이 감겨요.

② 삼겹살은 (맛있다) _____ 가격도 싸서 회식할 때 많이 먹지요.

③ 얌전하고 (여성) _____ -(으)ㄴ 타입보다 자기주장이 확실한 편이 매력적이다.

> 表現 　-(으)ㄴ/는 데다가　　-기는커녕　　~스럽다　　-곤 하다

(3) 今日読んだ文章を要約したものです。次の語句を使って韓国語に訳してみましょう。

> 韓国最初の制服はチマチョゴリスタイルで、以後洋装から韓服に再び変わるなど、多くの変化を経験した。**教服 자율화**(制服自由化)の時期を経て、現在では制服着用が一般的で、最近では学生の**성장 발달**(成長発達)のために楽な制服の**공론화**(世論形成)を進めているところである。

学習日　　　　.　　.

学習時間

1 本文の音声を聞く ⭳ DL 144

(1) 文章を見ないで音声を2～3回聞いて、聞き取れた語句をノートにメモしてください。

(2) 下の文章を見て、**(1)** で聞き取れなかった部分にはアンダーラインを引きます。次に、もう一度音声を聞きながら、一息で読む切れ目に斜線を記入しましょう。

　한국 최초의 교복은 1886년 이화학당의 다홍색 치마저고리로 러시아제 붉은 목면으로 제작되었다. 여학생들은 이 교복을 입고 머리는 길게 땋거나 트레머리를 하곤 했다.

　양장으로 된 교복은 1907년 숙명 여학교가 처음으로 채택했는데, 자주색 원피스에 분홍색 교모라는 여성스러운 유럽풍 양장 스타일이 당시에는 너무 혁신적이라는 이유로 3년 뒤에 자주색 치마저고리로 교체되었다. 이후 본격적으로 양장을 교복으로 입게 된 것은 1930년대에 들어서부터이며 1940년대에는 제2차 세계대전의 영향으로 전시복과 같은 형태로 바뀌기도 했다.

　교복의 스타일은 크고 작은 변화를 겪으며 1983년이 되면 중고등학생의 교복 및 두발 자유화가 추진되어 교복 자율화 시기를 맞게 된다. 이후 얼마 지나지 않아 생활지도가 어려워진 데다가 가계 부담이 증가했다는 등의 이유로 다시 교복을 착용하게 되었고 현재까지 이어지고 있다.

　최근에는 학생들 사이에서 교복을 짧고, 타이트하게 입는 스타일이 인기를 끌기도 했지만, 학생의 성장 발달에 저해된다는 점을 반영해서 서울시 교육청은 편안한 교복의 공론화를 진행 중이다.

2 聞き取りトレーニング

（1） シャドーイング

段落ごとに分けた音声 ⬇DL 145~148 を使ってシャドーイングにチャレンジしてみましょう。（各段落目標3～5回）

第1段落

1回目	2回目	3回目	4回目	5回目

第2段落

1回目	2回目	3回目	4回目	5回目

第3段落

1回目	2回目	3回目	4回目	5回目

第4段落

1回目	2回目	3回目	4回目	5回目

（2） 音読　⏳2分以内

文章を見ながら全体を音読します。最初は自分のペースでOKです。2分以内で読めるようになるまで音読しましょう。（目標5～10回）

1回目	2回目	3回目	4回目	5回目	6回目	7回目	8回目	9回目	10回目

（3） 聞き取り確認

最後に文章を見ないで音声を聞き、**1**の**(2)**でアンダーラインを引いた「聞き取れなかった部分」を中心に、全て聞き取れるようになったか確認しましょう。聞き取れない部分がまだ残っている場合は、その部分だけを5回程度音読し、さらに全体を流して聞き取れたか確認しましょう。

3 仕上げの問題

(1) 次の問いに、文章を見ずに韓国語で答えてください。また、答える際は、声に出して言ってからノートに書いてください。　⬇ DL 149

① 韓国初の制服はどの学校のどんなものでしたか?

② 最近、学校制服に関する考え方はどのように変化していますか?

(2) 発展会話

「発展会話全文　⬇ DL 150 」の音声を聞き、次の対話文の下線部を埋めて文章を完成させましょう。(目標3回)

가 : 우리 딸이 고등학교에 들어가더니 교복을 완전 미니스커트로 입지 뭐예요.

나 : 우리 애도 마찬가지예요. 게다가 ①＿＿＿＿＿＿＿＿＿라고, 머리까지 노랗게 염색하고.

가 : 우리 때는 치마를 길게 입었는데. 교복 스타일도 변화가 심하네요.

나 : 근데 저는 교복이 ②＿＿＿＿＿＿＿＿ 되었으면 좋겠어요. 엄청 비싸잖아요.

가 : 자율화되면 ③＿＿＿＿＿＿＿＿ 가 어려워지고 ④＿＿＿＿＿＿＿＿ 이 더 증가된다는 목소리도 있어요.

나 : 아무튼 저렴하고 편안한 교복의 ⑤＿＿＿＿＿＿＿＿ 가 더 활발하게 일어났으면 좋겠네요.

次の順番で会話練習をしてみましょう。（各目標3〜5回）

①「発展会話全文 ⬇DL 150」の音声を聞きながら、一緒に言ってみましょう。なるべく本を見ないで、すらすら言えるようになったらOKです。

1回目	2回目	3回目	4回目	5回目

②「나役になる ⬇DL 151」の音声を聞き、나の部分でせりふを言います。なるべく本を見ないで、すらすら言えるようになったらOKです。

1回目	2回目	3回目	4回目	5回目

③「가役になる ⬇DL 152」の音声を聞き、가の部分でせりふを言います。なるべく本を見ないで、すらすら言えるようになったらOKです。

1回目	2回目	3回目	4回目	5回目

④「日本語レスポンス ⬇DL 153」の音声を流し、日本語を聞いたらすぐ韓国語で言ってみましょう。すらすら言えるようになったらOKです。

1回目	2回目	3回目	4回目	5回目

✓ できたかな？
チェックリスト

□ 文章を読んで大意をつかむことができた
□ 文章の内容を要約することができた
□ 文章を正確に聞き取れた
□ テーマに沿った会話ができた

노모포비아

ノモフォビア

1日目 ▶ 読む 書く

学習日 ・ ・
学習時間

1 本 文 を 読 む

次の文章を2分以内で読み、**(1)(2)**を解いてください。

　　노모포비아(Nomophobia)란 노(no)와 모바일폰(mobile phone), 두려움을 의미하
는 포비아(phobia)의 합성어로 휴대전화가 없으면 불안을 느끼는 증상을 의미한다. 미
국인의 66%가 이에 해당하며 과학기술정보통신부의 조사 결과에 따르면 한국인 스마
트폰 이용자의 5명 중 1명이 '스마트폰 과의존 위험군'으로 나타났다. 과의존으로 인한
폐해는 안구건조증, 거북목 등 신체적인 문제는 물론 집중력 저하, 수면장애, 우울증 등
의 정신적 문제로까지 이어질 수 있다.

　　영국 일간지 <가디언>은 '고요'가 차세대 사치품이 되고 있다면서 최고급 리조트에서
디지털 기기에서 벗어나는 상품을 앞다투어 내놓고 있는 실상을 소개했다. 일상에서 고
요의 사치를 즐길 수 없다면① 잠잘 때나 운전할 때 등의 일정 시간 동안 휴대전화의 전
원을 꺼 두거나② 휴대전화 없이 산책해 보는 것도 노모포비아를 예방하는 좋은 방법이
아닐까?

　　"누구나 아이패드 하나씩은 가져야 하는 시대가 온다."라고 주장한 스티브 잡스조차
정작 자신의 자녀들에게는 아이패드 사용을 금지했다고 한다. 스마트폰의 노예가 되지
않도록③ 현명한 방법을 찾아야 할 때이다.

(1) ⏳1分以内

次の選択肢の中から、文章の主旨に最も近いものを一つ選んでください。

① 携帯電話に依存し過ぎないように、予防方法を見つけなくてはいけない。
② 携帯電話への依存によって身体的、精神的問題が生じた人が増えている。
③ リゾートなどでデジタル機器から距離を置く商品を、さらに作らなくてはいけない。
④ 誰もがデジタル機器を持つべきだが、依存症状が現れないように注意しなくてはいけない。

(2) ⏳1分以内

次の選択肢の中から、文章の内容に最も近いものを一つ選んでください。

① 한국인 스마트폰 이용자의 5명 중 1명이 신체적인 문제와 정신적인 문제를 겪고 있다.
② 최근 고급 리조트에서는 디지털 기기 없이 조용히 쉴 수 있는 상품을 내놓고 있다.
③ 디지털 기기의 사용을 줄이기 위해 휴대전화 없이 산책하는 것이 가장 효과적인 방법이다.
④ 스티브 잡스는 자신의 아이들이 휴대전화 과의존 증상을 보이자 아이패드 사용을 금지했다.

▶本文の大まかな流れを確認しましょう！

　第1段落では、「ノモフォビア」という言葉が紹介されています。米国人や韓国人でこの「ノモフォビア」に該当する人々が多数存在し、これによる弊害として身体的、精神的問題を引き起こすと述べられています。詳しい数値や、ドライアイなどの具体的な疾患名を挙げることで論理に説得性を持たせています。

　第2段落では、英国の日刊紙、『ガーディアン』の記事に掲載された、デジタル機器から距離を置く商品を売り出している最高級リゾートや、日常でできる「ノモフォビア」の予防方法を紹介しています。

　第3段落では、iPadの生みの親であるスティーブ・ジョブズですら、実際に自分の子どもたちにはiPad使用を禁止したという驚きの逸話を紹介して読者を引き付けながら、「スマホの奴隷にならないよう賢明な方法を見出さなくてはならないときである」という筆者の警告で文章を結んでいます。

間違ったり、分からなかったりした場合は、次ページの **2** に目を通してから、もう一度取り組んでみましょう。

2 語彙と文法解説 ⬇ DL 154

□ 합성어	合成語	□ 고요	静けさ
□ 증상	症状	□ 차세대	次世代
□ 과의존	依存し過ぎること、依存 漢 過依存	□ 사치품	ぜいたく品 漢 奢侈品
		□ 앞다투어	先を争って、われ先にと
□ 폐해	弊害	□ 실상	実情 漢 実状
□ 안구건조증	ドライアイ 漢 眼球乾燥症	□ 예방하다	予防する
□ 거북목	ストレートネック ※「亀の首」という意味で、首 を前に突き出した姿勢	□ ~조차	~さえ
		□ 정작	いざ
□ 집중력	集中力	□ 노예	奴隷
□ 수면장애	睡眠障害 漢 睡眠障碍	□ 현명하다	賢い、賢明だ
□ 우울증	うつ病 漢 憂鬱症		
□ ~(으)로까지	~にまで		

① 形容詞・存在詞語幹 + -다면　(もし)~ならば

잠을 자도 **피곤하다면** 만성피로인지 확인해 보세요.
寝ても疲れているならば、慢性疲労か確認してみてください。

> tips 👆 ある状況や事実を仮定して条件を提示する表現です。動詞に付く場合は -ㄴ/는다면、名詞 に付く場合は ~(이)라면 となります。

② 動詞語幹 + -아/어 두다　~しておく

이 표현을 **외워 두세요**.　この表現を覚えておいてください。

> tips 👆 似た表現に -아/어 놓다 があります。-아/어 두다 と同じように使われますが、-아/어 두다 は何かを長期に貯蔵、保管するときに多く使います。本文では -거나(~したり)と組み合わ せて使われています。

③ 用言語幹 + -도록　~するように

감기에 **걸리지 않도록** 조심해요.　風邪をひかないように気を付けてください。
한국어를 유창하게 **말할 수 있도록** 노력할게요.　韓国語を流暢に話せるように頑張ります。

3 仕上げの問題

(1) 下線部に入るものを **2** の語彙から選び、用言は下線部上に示したヒントを参考に活用させて文を完成させましょう。

① '노모포비아'는 또 무슨 단어의 _____ 예요?

② 스마트폰이 없을 때 불안을 느낄 정도면 스마트폰 _____ 증상이 아닐까요?

③ 스마트폰만 쳐다보다가 목이 앞으로 구부러지는 증상을 _____ 증후군이라고 한다.

④ 수면 부족이라서 그런지 _____ 이 떨어진다.

⑤ 공원은 _____ 피어나는 봄꽃들로 가득했다.

(2) 下線部かっこ内の単語と下の 表現 を組み合わせ、必要に応じて下線部に示した語尾を接続して文を完成させましょう。

① 모두에게 (들리다) _____ 큰 소리로 말해 주시겠어요?

② 인테리어를 겸해서 방에 큰 세계지도를 (붙이다) _____ -았/었다.

③ 나도 너처럼 (건강하다) _____ 좋을 텐데.

| 表現 | -다면 | -기 마련이다 | -도록 | -아/어 두다 |

(3) 今日読んだ文章を要約したものです。次の語句を使って韓国語に訳してみましょう。

> 携帯電話がないと不安を感じる**증상**(症状)を経験する人が増えている。携帯電話への**과의존**(依存し過ぎ)は身体的な問題と精神的な問題を引き起こし得る。スマホの**노예**(奴隷)にならないよう、賢明な予防方法を見いださなくてはならない。

2 日目 ▶ 聞 く 話 す

学習日　　　　．　　．

学習時間

1 本 文 の 音 声 を 聞 く ⬇ DL 155

(1) 文章を見ないで音声を2～3回聞いて、聞き取れた語句をノートにメモしてください。

(2) 下の文章を見て、**(1)** で聞き取れなかった部分にはアンダーラインを引きます。次に、もう一度音声を聞きながら、一息で読む切れ目に斜線を記入しましょう。

　　노모포비아(Nomophobia)란 노(no)와 모바일폰(mobile phone), 두려움을 의미하는 포비아(phobia)의 합성어로 휴대전화가 없으면 불안을 느끼는 증상을 의미한다. 미국인의 66%가 이에 해당하며 과학기술정보통신부의 조사 결과에 따르면 한국인 스마트폰 이용자의 5명 중 1명이 '스마트폰 과의존 위험군'으로 나타났다. 과의존으로 인한 폐해는 안구건조증, 거북목 등 신체적인 문제는 물론 집중력 저하, 수면장애, 우울증 등의 정신적 문제로까지 이어질 수 있다.

　　영국 일간지 〈가디언〉은 '고요'가 차세대 사치품이 되고 있다면서 최고급 리조트에서 디지털 기기에서 벗어나는 상품을 앞다투어 내놓고 있는 실상을 소개했다. 일상에서 고요의 사치를 즐길 수 없다면 잠잘 때나 운전할 때 등의 일정 시간 동안 휴대전화의 전원을 꺼 두거나 휴대전화 없이 산책해 보는 것도 노모포비아를 예방하는 좋은 방법이 아닐까?

　　"누구나 아이패드 하나씩은 가져야 하는 시대가 온다."라고 주장한 스티브 잡스조차 정작 자신의 자녀들에게는 아이패드 사용을 금지했다고 한다. 스마트폰의 노예가 되지 않도록 현명한 방법을 찾아야 할 때이다.

2 聞き取りトレーニング

(1) シャドーイング

段落ごとに分けた音声 ⬇ DL 156〜158 を使ってシャドーイングにチャレンジしてみましょう。(各段落目標3〜5回)

第1段落

1回目	2回目	3回目	4回目	5回目

第2段落

1回目	2回目	3回目	4回目	5回目

第3段落

1回目	2回目	3回目	4回目	5回目

(2) 音読 ⌛2分以内

文章を見ながら全体を音読します。最初は自分のペースでOKです。2分以内で読めるようになるまで音読しましょう。(目標5〜10回)

1回目	2回目	3回目	4回目	5回目	6回目	7回目	8回目	9回目	10回目

(3) 聞き取り確認

最後に文章を見ないで音声を聞き、■の(2)でアンダーラインを引いた「聞き取れなかった部分」を中心に、全て聞き取れるようになったか確認しましょう。聞き取れない部分がまだ残っている場合は、その部分だけを5回程度音読し、さらに全体を流して聞き取れたか確認しましょう。

3 仕上げの問題

(1) 次の問いに、文章を見ずに韓国語で答えてください。また、答える際は、声に出して言ってからノートに書いてください。 ⬇ DL 159

① スマホ依存症で見られる問題は何ですか?

② 日常で実践できる「ノモフォビア」の予防策にはどんな方法がありますか?

(2) 発展会話
「発展会話全文 ⬇ DL 160」の音声を聞き、次の対話文の下線部を埋めて文章を完成させましょう。(目標3回)

가 : 노모포비아? 이건 또 무슨 뜻이에요?

나 : 휴대전화가 없으면 불안을 느끼는 ①＿＿＿＿＿＿＿＿＿＿을 말하는 거예요.

가 : 그러고 보니까 우리는 지나치게 휴대폰에 ②＿＿＿＿＿＿＿＿＿ 사는 것
　　같아요.

나 : 계단 내려갈 때까지 하는 사람 보면 스마트폰의 ③＿＿＿＿＿＿＿＿＿가 된
　　것 같구요.

가 : 스티브 잡스④＿＿＿＿＿＿＿＿＿ 자녀들에게는 아이패드 사용을 금지했다고
　　하잖아요.

나 : 이제는 '고요'가 ⑤＿＿＿＿＿＿＿＿＿이네요. 스마트폰 없는 세상으로 돌아
　　가고 싶어요.

次の順番で会話練習をしてみましょう。（各目標3〜5回）

① 「発展会話全文 ⬇DL 160」の音声を聞きながら、一緒に言ってみましょう。なるべく本を見ないで、すらすら言えるようになったらOKです。

1回目	2回目	3回目	4回目	5回目

② 「나役になる ⬇DL 161」の音声を聞き、나の部分でせりふを言います。なるべく本を見ないで、すらすら言えるようになったらOKです。

1回目	2回目	3回目	4回目	5回目

③ 「가役になる ⬇DL 162」の音声を聞き、가の部分でせりふを言います。なるべく本を見ないで、すらすら言えるようになったらOKです。

1回目	2回目	3回目	4回目	5回目

④ 「日本語レスポンス ⬇DL 163」の音声を流し、日本語を聞いたらすぐ韓国語で言ってみましょう。すらすら言えるようになったらOKです。

1回目	2回目	3回目	4回目	5回目

✔ できたかな？
チェックリスト

□ 文章を読んで大意をつかむことができた
□ 文章の内容を要約することができた
□ 文章を正確に聞き取れた
□ テーマに沿った会話ができた

트랜스젠더

トランスジェンダー

 샤라 @sharazstory
수술로 성별까지 바꿀 정도의 절박
함은 어떤 걸까? 조금 더 관대한 사
회가 되었으면 좋겠다.
#성소수자 #퀴어 #LGBT

手術で性別まで変えるほどの切迫感はど
んなものなのだろう？　もう少し寛大な社
会になったらいいのに。
#性少数者 #クィア #LGBT

1日目 ▶ **読む　書く**

学習日 _____

学習時間 _____

1　本文を読む　⏳2分以内

次の文章を2分以内で読み、**(1)(2)** を解いてください。

　　트랜스젠더란 신체적인 성별과 자신이 인식하는 성별이 일치하지 않는 사람을 뜻한다.

　　2019년 육군 복무 중 남성에서 여성으로 성전환 수술을 받은 하사 변 씨는 수술 후에
도 여군으로 복무하고 싶다는 희망을 밝혔다. 그러나 그녀의 청원이 받아들여지기는커
녕[1] 육군본부는 변 씨를 강제 전역시켰고 군인으로 남고 싶었던 그녀의 희망은 이루어
지지 못했다.

　　숙명여대에서는 성전환 수술을 받고 법원의 성별 정정 허가를 받은 입시생이 합격했
다. 그러나 숙명여대 일부 학생과 동문의 거센 반발과 입학에 대한 찬반 논란이 이어지
는 바람에[2] 결국 그녀는 숙명여대 대학 등록을 포기할 수밖에 없었다[3].

　　이러한 현실에 대해 한 법학전문대학원 교수는 "트랜스젠더에 대한 집단 차별과 폭력
에 어떤 공공기관도 나서지 않았다는 사실이 한국 사회의 인권 의식을 적나라하게 보여
준다. 헌법은 기본권을 보장하지만, 현실에서 차별을 막기 위한 법적 토대가 없는 상황"
이라며 국회가 포괄적 차별금지법을 제정하고 차별을 금지하는 지침을 만들 것을 촉구
했다.

(1) ⏳1分以内

次の選択肢の中から、文章の主旨に最も近いものを一つ選んでください。

① 性別訂正許可を受けたトランスジェンダーに対する差別はあってはならない。
② トランスジェンダーに対する社会的理解が広まるほど、人権意識に対する教育が要求される。
③ トランスジェンダーに対する差別問題に公共機関が積極的に関与しないので、個々人の努力が必要である。
④ トランスジェンダーに対する差別を防ぐための法的土台が作られなければならない。

(2) ⏳1分以内

次の選択肢の中から、文章の内容に最も近いものを一つ選んでください。

① 트랜스젠더란 신체적인 성별과 자기가 인식하는 성별이 달라 성전환 수술을 받은 사람을 의미한다.
② 여성으로 성전환 수술을 받은 하사 변 씨는 전역하고 싶었지만 받아들여지지 않았다.
③ 성전환 수술 후 성별 정정 허가를 받은 입시생이 여자대학교에 합격했지만 입학하지 못했다.
④ 한국의 헌법은 차별금지법을 제정하고 있지만 현실적인 차별을 막지 못하는 상황이다.

▶ 本文の大まかな流れを確認しましょう！

　第1段落で、「トランスジェンダー」という言葉の定義がなされています。
　第2、第3段落では、性転換手術をして、新たな人生を送ろうとしたものの社会に受け入れられなかった事例が紹介されています。一つ目は2019年に陸軍服務中、男性から女性に性転換手術を受けた軍人が強制転役させられたという事例、二つ目は性転換手術を受けて裁判所の性別訂正許可を受け淑明女子大に合格したものの、一部学生と卒業生の激しい反発により入学がかなわなかったという受験生の事例を挙げています。
　第4段落では、憲法で基本権は保障されているものの、現実ではトランスジェンダーに対する差別を防ぐ法的土台がない状況であり、国会が包括的差別禁止法を制定して差別を禁止する指針を作るべきだと促している、ある法学専門大学院教授のコメントを引用して文章全体を締めくくっています。

> 間違ったり、分からなかったりした場合は、次ページの **2** に目を通してから、もう一度取り組んでみましょう。

2 語彙と文法解説 ⬇ DL 164

□ 성별	性別	□ 포기하다	諦める、放棄する 漢 抛棄--
□ 복무	服務	□ 집단 차별	集団差別
□ 성전환	性転換	□ 폭력	暴力
□ 강제	強制	□ 나서다	関与する、進み出る
□ 전역	転役、除隊 ※軍隊で他の兵役に転じたり除隊したりすること。 전역하다（転役する）	□ 적나라하게	赤裸々に
		□ 헌법	憲法
□ 이루어지다	かなえられる	□ 막다	食い止める
□ 법원	裁判所 漢 法院	□ 법적 토대	法的な土台 漢 法的土台
□ 정정	訂正	□ 포괄적	包括的
□ 동문	同窓生、卒業生 漢 同門	□ 차별금지법	差別禁止法
□ 거세다	激しい、強い	□ 지침	指針
□ 반발	反発 漢 反撥	□ 촉구하다	促す 漢 促求--
□ 찬반 논란	賛否の論争 漢 賛反論難		

① 用言語幹 + -기는커녕　～どころか、～はおろか

비가 **오기는커녕** 구름 한 점 없어요.

雨が降るどころか、雲一つありません。

> tips 👆 名詞には~은 / 는커녕の形で使います。술은커녕 물도 못 마셨어요.（酒はおろか水も飲めませんでした。）

② 動詞語幹 + -는 바람에　～したせいで

전철을 잘못 **타는 바람에** 지각했어요.　電車に乗り間違えたせいで遅刻しました。

> tips 👆 すでに起こった結果に対する理由を説明する表現のため、-는 바람에の後ろは過去の出来事について述べます。

③ 用言語幹 + -(으)ㄹ 수밖에 없다　～するしかない、～せざるを得ない

일이 너무 많아서 주말에 **출근할 수밖에 없었어요**.

仕事があまりに多くて週末に出勤せざるを得ませんでした。

146

3 仕上げの問題

(1) 下線部に入るものを **2** の語彙から選び、用語は下線部上に示したヒントを参考に活用させて文を完成させましょう。

① 나의 최애 가수가 내일이면 군 복무를 마치고 ＿＿＿＿＿＿＿＿＿ 한다.

② 성전환 수술을 받은 여학생의 입학에 대한 ＿＿＿＿＿＿＿＿＿ 이 이어지고 있다.

③ 이 영화는 현대 사회의 문제점을 ＿＿＿＿＿＿＿＿ 게 보여 주고 있다.

④ 같은 학교를 졸업한 사람들을 ＿＿＿＿＿＿＿＿ 이라고 한다.

⑤ 그녀는 부모의 반대로 유학을 ＿＿＿＿＿＿＿＿＿ 했다.

(2) 下線部かっこ内の単語と下の 表現 を組み合わせ、必要に応じて下線部に示した語尾を接続して文を完成させましょう。

① 당시엔 취직이 너무 안 돼서 단기
아르바이트를 (하다) ＿＿＿＿＿＿＿＿＿＿ -았/었다.

② 괜찮은 회사에 투자를 했는데 (이익을 보다) ＿＿＿＿＿＿＿＿＿ 원금까지 날렸다.

③ 표를 구하기 어려운 공연이었는데 친구가 늦게 (오다) ＿＿＿＿＿＿＿＿＿＿ 앞 부분을 못 봐서 너무 아쉬워요.

> 表現 -기는커녕   -(으)ㄹ 수밖에 없다   -는 바람에   -(으)ㄹ 것 같다

(3) 今日読んだ文章を要約したものです。次の語句を使って韓国語に訳してみましょう。

> 憲法は国民の**基本権**(基本權)を保障するが、トランスジェンダーに対する差別を防ぐことができる**法的 土台**(法的な土台)はない状況である。彼らに対する**差別禁止法**(差別禁止法)を制定して指針を**至急**(至急)作ることが要求されている。

2日目 ▶ **聞く　話す**

学習日　　　　・　　　・

学習時間

1 本 文 の 音 声 を 聞 く ⬇DL 165

(1) 文章を見ないで音声を2〜3回聞いて、聞き取れた語句をノートにメモしてください。

(2) 下の文章を見て、(1)で聞き取れなかった部分にはアンダーラインを引きます。次に、もう一度音声を聞きながら、一息で読む切れ目に斜線を記入しましょう。

트랜스젠더란 신체적인 성별과 자신이 인식하는 성별이 일치하지 않는 사람을 뜻한다.

2019년 육군 복무 중 남성에서 여성으로 성전환 수술을 받은 하사 변 씨는 수술 후에도 여군으로 복무하고 싶다는 희망을 밝혔다. 그러나 그녀의 청원이 받아들여지기는커녕 육군본부는 변 씨를 강제 전역시켰고 군인으로 남고 싶었던 그녀의 희망은 이루어지지 못했다.

숙명여대에서는 성전환 수술을 받고 법원의 성별 정정 허가를 받은 입시생이 합격했다. 그러나 숙명여대 일부 학생과 동문의 거센 반발과 입학에 대한 찬반 논란이 이어지는 바람에 결국 그녀는 숙명여대 대학 등록을 포기할 수밖에 없었다.

이러한 현실에 대해 한 법학전문대학원 교수는 "트랜스젠더에 대한 집단 차별과 폭력에 어떤 공공기관도 나서지 않았다는 사실이 한국 사회의 인권 의식을 적나라하게 보여준다. 헌법은 기본권을 보장하지만, 현실에서 차별을 막기 위한 법적 토대가 없는 상황"이라며 국회가 포괄적 차별금지법을 제정하고 차별을 금지하는 지침을 만들 것을 촉구했다.

2 聞き取りトレーニング

（1） シャドーイング
段落ごとに分けた音声 ⬇DL 166~169 を使ってシャドーイングにチャレンジしてみましょう。（各段落目標3～5回）

第1段落　| 1回目 | 2回目 | 3回目 | 4回目 | 5回目 |

第2段落　| 1回目 | 2回目 | 3回目 | 4回目 | 5回目 |

第3段落　| 1回目 | 2回目 | 3回目 | 4回目 | 5回目 |

第4段落　| 1回目 | 2回目 | 3回目 | 4回目 | 5回目 |

（2） 音読　⏳2分以内
文章を見ながら全体を音読します。最初は自分のペースでOKです。2分以内で読めるようになるまで音読しましょう。（目標5～10回）

| 1回目 | 2回目 | 3回目 | 4回目 | 5回目 | 6回目 | 7回目 | 8回目 | 9回目 | 10回目 |

（3） 聞き取り確認
最後に文章を見ないで音声を聞き、**1**の(2)でアンダーラインを引いた「聞き取れなかった部分」を中心に、全て聞き取れるようになったか確認しましょう。聞き取れない部分がまだ残っている場合は、その部分だけを5回程度音読し、さらに全体を流して聞き取れたか確認しましょう。

3 仕上げの問題

(1) 次の問いに、文章を見ずに韓国語で答えてください。また、答える際は、声に出して言ってからノートに書いてください。　[DL 170]

① トランスジェンダーの女学生が志望した大学に合格したのに入学手続きを諦めた理由は何ですか？

② 専門家はこの件に対してどのような指摘をしましたか？

(2) 発展会話

「発展会話全文 [DL 171] 」の音声を聞き、次の対話文の下線部を埋めて文章を完成させましょう。(目標3回)

가 : 한국의 한 여자 대학교에서 ①_____인 입시생이 합격했다네요.

나 : 어머. 그래서 입학했대요?

가 : 아뇨. 주변의 거센 ②_____로 입학을 ③_____

　　수밖에 없었다고 하네요.

나 : 너무 안됐네요.

가 : 네. 또 육군 남성이 여성으로 ④_____을 받았는데

　　⑤_____ 당했대요.

나 : 어느 나라나 성별 문제에 대해 좀 더 관대한 사회가 되었으면 좋겠어요.

次の順番で会話練習をしてみましょう。(各目標3〜5回)

① 「発展会話全文 ⬇DL 171」の音声を聞きながら、一緒に言ってみましょう。なるべく本を見ないで、すらすら言えるようになったらOKです。

1回目	2回目	3回目	4回目	5回目

② 「나役になる ⬇DL 172」の音声を聞き、나の部分でせりふを言います。なるべく本を見ないで、すらすら言えるようになったらOKです。

1回目	2回目	3回目	4回目	5回目

③ 「가役になる ⬇DL 173」の音声を聞き、가の部分でせりふを言います。なるべく本を見ないで、すらすら言えるようになったらOKです。

1回目	2回目	3回目	4回目	5回目

④ 「日本語レスポンス ⬇DL 174」の音声を流し、日本語を聞いたらすぐ韓国語で言ってみましょう。すらすら言えるようになったらOKです。

1回目	2回目	3回目	4回目	5回目

✓ **できたかな？チェックリスト**

□ 文章を読んで大意をつかむことができた
□ 文章の内容を要約することができた
□ 文章を正確に聞き取れた
□ テーマに沿った会話ができた

인공지능과
미래의 직업

人工知能と未来の職業

샤라 @sharazstory

허걱; AI 때문에 미래엔 내 직업이
없어질지도 모른대ㅠ
#AI #인공지능 #뮤지션

びっくり; AIのせいで未来には私の職業
はなくなるかもしれないって（泣）
#AI #人工知能 #ミュージシャン

1 日目 ▶ **読む　書く**

学習日

学習時間

1 本 文 を 読 む

次の文章を2分以内で読み、**(1)(2)** を解いてください。

　　2018년 일본의 도쿄도 다마시 시장 선거에 AI 후보가 출마해 큰 화제가 된 적이 있습니다. 낙선하기는 했지만① AI 정치인이라는 것은 얼마 전까지만 해도 상상도 할 수 없었던② 일이지요.

　　하지만 AI는 이미 우리의 일상생활 여러 곳에 관계하고 있습니다. AI를 이용한 무인 결제 시스템도 그중의 하나인데요, 이마트24 무인 결제 스토어는 별다른 결제 절차 없이 제품을 들고 그대로 나가면 자동 결제됩니다. 배달 로봇 개발 기업 '뉴로'에서는 소비자가 앱으로 호출하면 집 앞 현관까지 찾아와 채소와 과일 등의 식품과 생필품을 제공하는 무인 택배 자동차를 개발했습니다.

　　이런 AI로 인해 사람의 일자리가 축소될 것이라고 우려하는 분들도 계실 텐데요. 한 경제 전문가는 일자리가 사라지는 만큼③ 새로 창출되는 분야도 존재하므로 기존의 인력이 새로운 일자리로 옮겨 갈 수 있도록 재교육, 재배치 시스템을 갖출 필요가 있다고 지적했습니다.

(1) ⏳1分以内

次の選択肢の中から、文章の主旨に最も近いものを一つ選んでください。

① これからAI政治家がさらに多く登場するので、人間の生活の質がさらに向上する
だろう。

② AIが次第に人間の雇用問題にも関与するようになるので、それに備えた準備が必
要である。

③ AIによって将来、人間の職種が減るので、開発には慎重にならなくてはならない。

④ AIを活用したシステムは非常に便利なので、さらに開発されなくてはならない。

(2) ⏳1分以内

次の選択肢の中から、文章の内容に最も近いものを一つ選んでください。

① 2018년에 출마한 AI 시장 후보는 시민들에게 환영받았다.

② 이마트24는 모든 점포에 AI 시스템을 도입할 예정이다.

③ 무인 택배 자동차를 이용하려면 관련 앱을 다운받아야 한다.

④ 사람들의 일자리가 줄어들지만 새로운 직종은 생기지 않는다.

▶本文の大まかな流れを確認しましょう！

「序論」に当たる第1段落では、「2018年、多摩市の市長選挙でAI候補が出馬して大き
な話題になったが、AI政治家は少し前までは想像もできなかった」という内容が述べられて
います。つまりこの文章全体ではAIをテーマとしていることが読み取れます。

また、「本論」に当たる第2段落では、冒頭に接続詞**하지만**（しかし）があることで、前の
段落と話の流れが変わっていることが分かります。「AI政治家は少し前までは想像もできな
かった」→しかし「AIはすでに私たちの生活のさまざまな部分に関係している」という流れです。
具体例として「emart24無人決済ストア」や「無人宅配自動車」が挙げられています。

「結論」の第3段落では、「AIの登場で人間の雇用が縮小されるという憂慮がある」としな
がらも、経済専門家の「既存の仕事に変わって新たな雇用も創出されるため、人材の再教
育、再配置などの準備が必要である」という指摘で、全体の文章を締めくくっています。

> 間違ったり、分からなかったりした場合は、次ページの **2** に目を
> 通してから、もう一度取り組んでみましょう。

2 語彙と文法解説　⬇ DL 175

□ 후보	候補	□ 택배	宅配
□ 출마하다	出馬する	□ 일자리	仕事の口、勤め口、雇用
□ 낙선하다	落選する	□ 축소되다	縮小される
□ 무인 결제	無人決済	□ 우려하다	憂慮する、恐れる、心配する
□ 별다른	特別な 漢別--	□ 사라지다	消える
□ 절차	手続き 漢節次	□ 창출되다	創出される
□ 배달	配達	□ 존재하다	存在する
□ 로봇	ロボット	□ 인력	マンパワー、人力
□ 앱	アプリ ※애플리케이션（アプリケーション）の略	□ 옮기다	移行する、（物の位置を）変える
□ 호출하다	呼び出す 漢呼出--	□ 갖추다	整える
□ 식료품	食料品		
□ 생필품	生活必需品 ※생활필수품の略		

① 用言語幹 + -기는 하지만　　〜ではあるが

춥기는 하지만 견딜 만해요.　　寒いことは寒いけど耐えられます。

> tips👆 -기는 하다（〜することはする、〜ではある）という表現に、-지만（〜だが）が付いた表現です。先行の内容は認めるものの、他の意見があることを表します。

② 用言語幹 + -았/었던　　〜かった、〜だった

어렸을 때를 돌이켜 보면 **좋았던** 기억밖에 없어요.
幼い頃を振り返ってみると幸せだった思い出しかありません。

> tips👆 過去に起こったことや状態を回想する表現で、現在はその状態が続いていないことを表します。ただし살다や다니다などの持続性を持つ動詞や、形容詞の場合、-던と置き換えても意味上の差異はありません。내가 어렸을 때 다니던 학교예요. ＝ 내가 어렸을 때 다녔던 학교예요.（私が幼い頃通っていた学校です。）

③ 用言語幹 + -(으)ㄴ/는 만큼　　〜する分、〜するほど

연습하는 만큼 실력이 늘어요.　　練習する分、実力が伸びます。

3 仕上げの問題

(1) 下線部に入るものを **2** の語彙から選び、用言は下線部上に示したヒントを参考に活用させて文を完成させましょう。

① 그녀는 서울 시장 선거에 ＿＿＿＿＿＿＿지만 낙선했다.

② 시의 예산이 ＿＿＿＿＿＿＿는 바람에 도로 정비 공사가 늦어지고 있다.

③ 서울시는 ＿＿＿＿＿＿＿가 없는 청년들을 위한 세미나를 실시했다.

④ 정부는 주한일본대사를 청와대로 ＿＿＿＿＿＿＿했다.

⑤ 조류 인플루엔자의 확산을 ＿＿＿＿＿＿＿는 축산업자들이 정부에 대책을 요구했다.

(2) 下線部かっこ内の単語と下の 表現 を組み合わせ、文を完成させましょう。

① 카드 한 장으로 모든 결제를 하는 시스템은 옛날에는 상상도
  (할 수 없다) ＿＿＿＿＿＿＿ 일이다.

② 그 학생은 시험 점수가 (나쁘다) ＿＿＿＿＿＿＿ 내용은 이해하고 있다.

③ 나는 (먹다) ＿＿＿＿＿＿＿ 살이 찌는 체질이라 다이어트하기 너무 힘들어.

> 表現　 -기는 하지만　 -(으)ㄹ 수 있다　 -(으)ㄴ/는 만큼　 -았/었던

(3) 今日読んだ文章を要約したものです。次の語句を使って韓国語に訳してみましょう。

> AIはすでにわれわれの日常生活に関係している。**無人 결제**（無人決済）システムもそのうちの一つである。AIによって**일자리**（雇用）が縮小することを憂慮する人もいるが、**창출되는**（創出される）分野も存在するため、**기존 인력**（既存のマンパワー）の再教育や再配置システムを整える必要がある。

1 本 文 の 音 声 を 聞 く

(1) 文章を見ないで音声を 2～3 回聞いて、聞き取れた語句をノートにメモしてください。

(2) 下の文章を見て、**(1)** で聞き取れなかった部分にはアンダーラインを引きます。 次に、
もう一度音声を聞きながら、 一息で読む切れ目に斜線を記入しましょう。

> 2018년 일본의 도쿄도 다마시 시장 선거에 AI 후보가 출마해 큰 화제가 된 적이 있습
> 니다. 낙선하기는 했지만 AI 정치인이라는 것은 얼마 전까지만 해도 상상도 할 수 없었
> 던 일이지요.
>
> 하지만 AI는 이미 우리의 일상생활 여러 곳에 관계하고 있습니다. AI를 이용한 무인
> 결제 시스템도 그중의 하나인데요, 이마트24 무인 결제 스토어는 별다른 결제 절차 없
> 이 제품을 들고 그대로 나가면 자동 결제됩니다. 배달 로봇 개발 기업 '뉴로'에서는 소비
> 자가 앱으로 호출하면 집 앞 현관까지 찾아와 채소와 과일 등의 식료품과 생필품을 제공
> 하는 무인 택배 자동차를 개발했습니다.
>
> 이런 AI로 인해 사람의 일자리가 축소될 것이라고 우려하는 분들도 계실 텐데요. 한
> 경제 전문가는 일자리가 사라지는 만큼 새로 창출되는 분야도 존재하므로 기존의 인력
> 이 새로운 일자리로 옮겨 갈 수 있도록 재교육, 재배치 시스템을 갖출 필요가 있다고 지
> 적했습니다.

2 聞き取りトレーニング

(1) シャドーイング

段落ごとに分けた音声 ⬇ DL 177~179 を使ってシャドーイングにチャレンジしてみましょう。(各段落目標3〜5回)

第1段落

1回目	2回目	3回目	4回目	5回目

第2段落

1回目	2回目	3回目	4回目	5回目

第3段落

1回目	2回目	3回目	4回目	5回目

(2) 音読 ⏳2分以内

文章を見ながら全体を音読します。最初は自分のペースでOKです。2分以内で読めるようになるまで音読しましょう。(目標5〜10回)

1回目	2回目	3回目	4回目	5回目	6回目	7回目	8回目	9回目	10回目

(3) 聞き取り確認

最後に文章を見ないで音声を聞き、**1**の(2)でアンダーラインを引いた「聞き取れなかった部分」を中心に、全て聞き取れるようになったか確認しましょう。聞き取れない部分がまだ残っている場合は、その部分だけを5回程度音読し、さらに全体を流して聞き取れたか確認しましょう。

3 仕上げの問題

(1) 次の問いに、文章を見ずに韓国語で答えてください。また、答える際は、声に出して言ってからノートに書いてください。　⬇ DL 180

① AIが生活の中に浸透している例を挙げてください。

② AIが人の仕事を奪うかもしれないという心配に対して、どのような指摘がありましたか？

(2) 発展会話
「発展会話全文 ⬇ DL 181」の音声を聞き、次の対話文の下線部を埋めて文章を完成させましょう。（目標3回）

가 : 다마시에서 AI가 시장 선거에 출마했대요.

나 : 네, 낙선하기는 했지만 옛날 같으면 ①＿＿＿＿＿＿＿＿＿ 일이죠.

가 : 이마트에는 AI를 이용해서 자동으로 결제하는 ②＿＿＿＿＿＿＿＿＿ 도 생겼대요.

나 : 저도 들었어요. 그리고 무인 택배 자동차란 것도 있는데, 앱으로 호출하면 집 현관까지 채소나 과일 같은 ③＿＿＿＿＿＿＿＿＿ 을 가지고 와 준대요.

가 : 편하기는 하지만 AI 때문에 사람들의 ④＿＿＿＿＿＿＿＿＿ 가 없어지면 어떡하죠?

나 : 없어지는 직업도 많이 있겠죠. 하지만 직업이 ⑤＿＿＿＿＿＿＿＿＿ 또 다른 직업도 생기지 않을까요?

次の順番で会話練習をしてみましょう。（各目標3〜5回）

① 「発展会話全文 ⬇DL 181 」の音声を聞きながら、一緒に言ってみましょう。なるべく本を見ないで、すらすら言えるようになったらOKです。

1回目	2回目	3回目	4回目	5回目

② 「나役になる ⬇DL 182 」の音声を聞き、나の部分でせりふを言います。なるべく本を見ないで、すらすら言えるようになったらOKです。

1回目	2回目	3回目	4回目	5回目

③ 「가役になる ⬇DL 183 」の音声を聞き、가の部分でせりふを言います。なるべく本を見ないで、すらすら言えるようになったらOKです。

1回目	2回目	3回目	4回目	5回目

④ 「日本語レスポンス ⬇DL 184 」の音声を流し、日本語を聞いたらすぐ韓国語で言ってみましょう。すらすら言えるようになったらOKです。

1回目	2回目	3回目	4回目	5回目

✔ できたかな？
チェックリスト

☐ 文章を読んで大意をつかむことができた
☐ 文章の内容を要約することができた
☐ 文章を正確に聞き取れた
☐ テーマに沿った会話ができた

미세먼지 측정 위성 '천리안 2B호'

PM2.5 測定衛星「千里眼2B号」

샤라 @sharazstory
지긋지긋한 미세먼지 해소
위해 인공위성까지 나섰다.
#미세먼지 #인공위성

うんざりするPM2.5解消のため
の人工衛星まで乗り出した。
#PM2.5 #人工衛星

1日目 ▶ 読む 書く

学習日 . .

学習時間

1 本 文 を 読 む ⏳2分以内

次の文章を2分以内で読み、**(1)(2)**を解いてください。

　　다년간의 개발을 거듭한 끝에[①] 국내 기술로 탄생한 정지궤도 해양 환경 위성 <천리 안 2B호>가 남아메리카의 기아나 우주센터에서 발사됐다. 발사 31분 뒤에 발사체에 서 위성이 분리되고 이어서 호주에 위치한 지상국과 첫 교신에 성공했다.

　　천리안 2B호는 위성 본체를 우리 기술로 만든 '토종 정지궤도 위성'이다. 지구의 자 전과 같은 속도로 돌기 때문에[②] 정지한 것처럼 보인다. 정지궤도에 안착한 후 다양한 조정 과정을 정상적으로 마무리하면 대기환경 정보는 2021년부터, 해양 정보는 2020 년 10월부터 서비스가 가능해진다.

　　2B호는 세계 최초로 정지궤도에서 미세먼지 등 대기 오염 물질 농도를 관측할 수 있 는 위성이다. 관측 범위는 중국과 일본, 인도네시아 북부와 몽골 남부에 이르는 아시아 지역이다. 이를 통해 아시아의 어느 지역에서 미세먼지가 생성, 발달해 어떤 경로로 우 리나라에 이동해서 영향을 미치는지[③], 또한 국내 어느 지역에서 고농도의 미세먼지가 생성되는지[③] 등을 확인할 수 있을 것으로 기대된다.

(1) ⏳1分以内

次の選択肢の中から、文章の主旨に最も近いものを一つ選んでください。

① 国内技術で作った人工衛星を通して大気環境情報などを観測できるようになる。

② 千里眼2B号は地球の自転と同じ速度で回る世界初の衛星である。

③ 千里眼2B号の観測範囲は中国、日本、モンゴルなど、アジアの広い地域にわたっている。

④ 千里眼2B号を通して得た情報は、世界の環境問題を解決するのに大きな助けになるだろう。

(2) ⏳1分以内

次の選択肢の中から、文章の内容に最も近いものを一つ選んでください。

① 천리안 2B호가 발사된 후 바로 대기환경 정보 제공 서비스가 이루어졌다.

② 천리안 2B호는 지구가 태양을 도는 속도로 돌기 때문에 정지한 것처럼 보인다.

③ 천리안 2B호의 관측 범위는 호주와 아시아를 포함하는 지역이다.

④ 천리안 2B호를 통해 미세먼지의 발생 장소와 흐름을 알 수 있게 된다.

▶ 本文の大まかな流れを確認しましょう！

第1段落では韓国の技術で誕生した静止軌道海洋環境衛星「千里眼2B号」がオーストラリアにある地上局と初交信に成功したというニュースが紹介されています。

第2段落では、千里眼2B号が静止軌道上に落ち着いた後、大気環境情報や海洋情報のサービスが可能になるというさらに詳しい情報が述べられています。

第3段落では千里眼2B号が静止軌道からPM2.5など、大気汚染物質濃度を観測できる世界初の衛星であることが述べられています。アジア地域を観測範囲とする千里眼2B号がPM2.5の生成、発達過程や韓国に至る経路や及ぼす影響、韓国内での生成地域が確認できるという期待でこの文章を結んでいます。

間違ったり、分からなかったりした場合は、次ページの **2** に目を通してから、もう一度取り組んでみましょう。

2 語彙と文法解説 ⬇ DL 185

□ 정지궤도	静止軌道		□ 마무리하다	仕上げる、片付ける
□ 해양	海洋		□ 미세먼지	PM2.5 漢 微細--
□ 환경	環境		□ 대기	大気
□ 위성	衛星		□ 오염	汚染
□ 발사되다	発射される		□ 물질	物質
□ 발사체	発射体		□ 농도	濃度
□ 분리되다	分離される		□ 관측하다	観測する
□ 지상국	地上局		□ 범위	範囲
□ 교신	交信		□ 생성	生成
□ 토종	地元産、国産 漢 土種		□ 경로	経路
□ 자전	自転		□ 영향	影響 ※영향을 미치다(影響を及ぼす、与える)
□ 안착하다	無事に目的地に着く 漢 安着--		□ 확인하다	確認する

① **動詞語幹 + -(으)ㄴ 끝에**　～した末に、～した挙げ句

열심히 **노력한 끝에** 시험에 합격했어요.　一生懸命努力した末に試験に合格しました。

> tips👆 名詞に付く際には끝에を使います。**의논 끝에 결혼식을 내년으로 미루게 됐어요.**(話し合いの末に結婚式を来年に延ばすことになりました。)

② **用言語幹 + -기 때문에**　～なので、～するせいで

어제 **아팠기 때문에** 병원에 갔어요.　昨日、具合が悪かったので、病院に行きました。
비가 **오기 때문에** 집에 있었습니다.　雨が降っているので家にいました。

> tips👆 名詞には때문에を直接付けることもできます。**비 때문에 결국 못 갔어요.**(雨のせいで結局行けませんでした。)

③ **用言語幹 + -(으)ㄴ/는지**　～するのか、～かどうか

가장 가까운 지하철역이 어디에 **있는지** 알아요?
一番近い地下鉄の駅がどこにあるのか、知ってますか?

3 仕上げの問題

(1) 下線部に入るものを **2** の語彙から選び、用言は下線部上に示したヒントを参考に活用させて文を完成させましょう。

① 이번 논문은 학계에 큰 _____ 을 미쳤다.

② 삼계탕은 역시 한국의 _____ 닭으로 만들어야 맛있어요.

③ 지구가 하루에 한 바퀴씩 회전하는 현상을 지구의 _____ 이라고 한다.

④ 산성비는 중국에서 날아오는 _____ 물질이 그 원인 중의 하나라고 한다.

⑤ 천리안 2B호는 지구의 대기오염을 _____ 기 위해 발사된 위성이다.

(2) 下線部かっこ内の単語と下の 表現 を組み合わせ、文を完成させましょう。

① 교토까지 신칸센으로 대충 얼마나 (걸리다) _____ 알 수 있을까요?

② 몇 개월을 (고심하다) _____ 오늘 사직서를 냈다.

③ 그 가수는 재해가 있을 때마다 (기부하다) _____ '기부 천사'라고 불리고 있습니다.

| 表現 | -(으)ㄴ 끝에 | -기 때문에 | -(으)ㄴ/는지 | -든지 |

(3) 今日読んだ文章を要約したものです。次の語句を使って韓国語に訳してみましょう。

> 国内技術で開発された海洋環境衛星「千里眼2B号」は**정지궤도에서**(静止軌道から)大気汚染の程度を観測できる世界初の衛星である。**관측 범위**(観測範囲)はアジア地域であり、これを通して**미세먼지**(PM2.5)の生成と発達などに関する情報を確認できるものと期待される。

学習日　　　・　　・

学習時間

1 本 文 の 音 声 を 聞 く　⤓DL 186

(1) 文章を見ないで音声を2〜3回聞いて、聞き取れた語句をノートにメモしてください。

(2) 下の文章を見て、(1) で聞き取れなかった部分にはアンダーラインを引きます。次に、もう一度音声を聞きながら、一息で読む切れ目に斜線を記入しましょう。

　　다년간의 개발을 거듭한 끝에 국내 기술로 탄생한 정지궤도 해양 환경 위성 <천리안 2B호>가 남아메리카의 기아나 우주센터에서 발사됐다. 발사 31분 뒤에 발사체에서 위성이 분리되고 이어서 호주에 위치한 지상국과 첫 교신에 성공했다.

　　천리안 2B호는 위성 본체를 우리 기술로 만든 '토종 정지궤도 위성'이다. 지구의 자전과 같은 속도로 돌기 때문에 정지한 것처럼 보인다. 정지궤도에 안착한 후 다양한 조정 과정을 정상적으로 마무리하면 대기환경 정보는 2021년부터, 해양 정보는 2020년 10월부터 서비스가 가능해진다.

　　2B호는 세계 최초로 정지궤도에서 미세먼지 등 대기 오염 물질 농도를 관측할 수 있는 위성이다. 관측 범위는 중국과 일본, 인도네시아 북부와 몽골 남부에 이르는 아시아 지역이다. 이를 통해 아시아의 어느 지역에서 미세먼지가 생성, 발달해 어떤 경로로 우리나라에 이동해서 영향을 미치는지, 또한 국내 어느 지역에서 고농도의 미세먼지가 생성되는지 등을 확인할 수 있을 것으로 기대된다.

2 聞き取りトレーニング

(1) シャドーイング

段落ごとに分けた音声 ⬇ DL 187〜189 を使ってシャドーイングにチャレンジしてみましょう。(各段落目標3〜5回)

第1段落

1回目	2回目	3回目	4回目	5回目

第2段落

1回目	2回目	3回目	4回目	5回目

第3段落

1回目	2回目	3回目	4回目	5回目

(2) 音読 ⏳2分以内

文章を見ながら全体を音読します。最初は自分のペースでOKです。2分以内で読めるようになるまで音読しましょう。(目標5〜10回)

1回目	2回目	3回目	4回目	5回目	6回目	7回目	8回目	9回目	10回目

(3) 聞き取り確認

最後に文章を見ないで音声を聞き、**1**の**(2)**でアンダーラインを引いた「聞き取れなかった部分」を中心に、全て聞き取れるようになったか確認しましょう。聞き取れない部分がまだ残っている場合は、その部分だけを5回程度音読し、さらに全体を流して聞き取れたか確認しましょう。

3 仕上げの問題

(1) 次の問いに、文章を見ずに韓国語で答えてください。また、答える際は、声に出して言ってからノートに書いてください。　📥DL 190

① 韓国の国内技術で誕生した「千里眼2B号」はどこで打ち上げられましたか？

② この人工衛星は、どの範囲の何を観測することができますか？

(2) 発展会話

「発展会話全文 📥DL 191」の音声を聞き、次の対話文の下線部を埋めて文章を完成させましょう。（目標3回）

가 : 요즘 ①_____ 때문에 하늘이 엄청 흐려요.

나 : 이런 미세먼지가 어디서 생기는지를 ②_____ 수 있는 위성이 발사된 것 아세요?

가 : 네. 천리안 2B호 말이죠? ③_____의 정보를 알려 준다니 기대되네요.

나 : 2B호는 ④_____로 탄생되었다고 하죠?

가 : 맞아요. 세계 최초로 ⑤_____에서 대기 오염 물질의 농도를 관측할 수 있대요.

나 : 아무튼 하루속히 미세먼지 문제가 해결됐으면 좋겠어요.

次の順番で会話練習をしてみましょう。(各目標3〜5回)

① 「発展会話全文 ⬇DL 191」の音声を聞きながら、一緒に言ってみましょう。なるべく本を見ないで、すらすら言えるようになったらOKです。

1回目	2回目	3回目	4回目	5回目

② 「나役になる ⬇DL 192」の音声を聞き、나の部分でせりふを言います。なるべく本を見ないで、すらすら言えるようになったらOKです。

1回目	2回目	3回目	4回目	5回目

③ 「가役になる ⬇DL 193」の音声を聞き、가の部分でせりふを言います。なるべく本を見ないで、すらすら言えるようになったらOKです。

1回目	2回目	3回目	4回目	5回目

④ 「日本語レスポンス ⬇DL 194」の音声を流し、日本語を聞いたらすぐ韓国語で言ってみましょう。すらすら言えるようになったらOKです。

1回目	2回目	3回目	4回目	5回目

✔ できたかな？
チェックリスト

- ☐ 文章を読んで大意をつかむことができた
- ☐ 文章の内容を要約することができた
- ☐ 文章を正確に聞き取れた
- ☐ テーマに沿った会話ができた

디지털 디톡스

デジタルデトックス

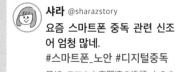

샤라 @sharazstory
요즘 스마트폰 중독 관련 신조
어 엄청 많네.
#스마트폰_노안 #디지털중독
最近、スマホ中毒関連の造語、ものす
ごく多いね。
#スマホ老眼 #デジタル中毒

1 日目 ▶ 読む 書く

学習日 　　　　・　　　・

学習時間

1 本文を読む ⏳2分以内

次の文章を2分以内で読み、**(1)(2)** を解いてください。

　스마트폰 이용 시간이 늘어남에 따라[①] 스마트폰에 중독된 사람들을 지칭하는 신조어들이 속속 등장하고 있다. 스마트폰에 열중하면서 걷는 사람들을 좀비에 비유한 '스몸비족', 휴대폰이 없으면 느끼는 불안을 의미하는 '노모포비아', 디지털 기기에 익숙해진 뇌가 현실에 무감각해지거나 무기력해지는 현상을 일컫는 '팝콘 브레인'이라는 신조어가 그 예이다.

　그러나 한편으로는 스마트폰만 하느라고[②] 자기 몸은 소홀히 했다는 사람들을 중심으로 '디지털 디톡스'를 실천하는 움직임이 나타나고 있다. 디지털 기기의 사용 시간을 줄여 몸과 마음을 치유한다는 뜻으로 '디지털 단식'이나 '디지털 금식'이라고도 한다.

　이에 발맞추어 유명 여행업체나 리조트에서 이른바 '소음 디톡스' 상품을 내놓고 있다. 미국 경제 전문지 <포천>에 따르면, 디지털 디톡스의 산업 규모는 2015년을 기준으로 100억 달러에 달할 정도로[③] 성장하고 있다고 한다. 실제로, 유명 호텔 체인인 <만다린 오리엔탈>에서는 일부 스파 서비스에서 와이파이나 전자파 등을 차단하고 전자기기 등의 소음을 없앤 상품이 인기를 끌고 있다고 전했다.

(1) ⌛1分以内

次の選択肢の中から、文章の主旨に最も近いものを一つ選んでください。

① スマホを使う人々を例えた造語が多く登場してきた。
② デジタル機器中毒になった人々を治療に、有名リゾートでデトックス商品が効果を上げている。
③ デジタル機器の使用を減らそうとする動きに従って、旅行業者でも関連商品を売り出している。
④ デジタルデトックス産業の規模が急激に大きくなっている。

(2) ⌛1分以内

次の選択肢の中から、文章の内容に最も近いものを一つ選んでください。

① 디지털 기기에 익숙해지면 현실에 무감각해지는 현상이 생기기도 한다.
② 디지털 디톡스를 통해 몸과 마음의 병을 치료할 수 있다.
③ 소음 디톡스 상품은 디지털 기기에 중독된 증상을 치료하는 데 효과적이다.
④ 디지털 디톡스 상품으로 가장 유명한 곳은 <만다린 오리엔탈> 호텔이다.

▶本文の大まかな流れを確認しましょう！

　第1段落では、スマホ利用時間の増加で、スマホ中毒になった人々を指す造語が続々と登場していることを伝えた後に、「スモンビ族」をはじめとする造語3語をその意味と共に紹介しています。
　第2段落では、冒頭でデジタル機器の使用時間を減らして体と心を癒やすという「デジタルデトックス」実践の動きがあることを伝えています。
　第3段落では、有名旅行業者やリゾートによる、いわゆる「騒音デトックス」商品の販売、デジタルデトックス産業の成長、有名ホテルチェーンが販売する、一部スパサービスで電子機器などの騒音をなくした商品の人気を伝える『フォーチュン』誌の記事を紹介しています。

間違ったり、分からなかったりした場合は、次ページの **2** に目を通してから、もう一度取り組んでみましょう。

□ 중독	中毒	□ 단식	断食
□ 지칭하다	指し示す　漢 指称--	□ 금식	禁食
□ 속속	続々と	□ 이른바	いわば、いわゆる
□ 열중하다	熱中する	□ 소음	騒音
□ 비유하다	例える、比喩する	□ 규모	規模
□ 익숙해지다	慣れる	□ 달하다	達する
□ 뇌	脳	□ 전자파	電磁波
□ 무감각	無感覚　※무감각해지다（無感覚になる）	□ 없애다	なくす
		□ 차단하다	遮断する
□ 무기력	無気力		
□ 소홀히 하다	おろそかにする、粗末に扱う　漢 疏忽---		

① **動詞語幹 + -(으)ㅁ에 따라**　～するに従って、～するにつれて

경기가 **나빠짐에 따라** 소비자의 구매 심리가 위축되고 있다.

景気が悪くなるにつれ、消費者の購買心理が萎縮している。

② **動詞語幹 + -느라고**　～するせいで、～するために

친구들과 **노느라고** 숙제를 못 했어요.　友達と遊んでいて宿題ができませんでした。

> tips👆 前節の行為のために、後節のことができなかった、または否定的な結果をもたらした場合に、その理由や言い訳を述べる際に用いる表現です。고を省略して-느라の形でも使えます。

③ **用言語幹 + -(으)ㄹ 정도로**　～するくらい、～するほど

배가 **터질 정도로** 음식을 많이 먹었어요.

おなかがはちきれるほど、食べ物をたくさん食べました。

3 仕上げの問題

(1) 下線部に入るものを **2** の語彙から選び、用言は下線部上に示したヒントを参考
に活用させて文を完成させましょう

① 수능 영어 듣기 평가 때는 시험장 주변의 ＿＿＿＿＿을 최소로 줄이도록 한다.

② 스마트폰에 ＿＿＿＿＿하면서 걷는 것은 위험하다.

③ 뇌가 현실에 ＿＿＿＿＿해지는 현상을 팝콘 브레인이라고 한다.

④ 학생 때 공부를 ＿＿＿＿＿한 것이 후회가 된다.

⑤ 스마트폰의 전자파를 ＿＿＿＿＿하는 스티커가 있다고 한다.

(2) 下線部かっこ内の単語と下の 表現 を組み合わせ、文を完成させましょう。

① 지구의 기온이 (높아지다) ＿＿＿＿＿ 세계 곳곳에서 이상 기후 현상이 생
기고 있다.

② 드라마 (보다) ＿＿＿＿＿ 찌개를 다 태웠다.

③ 닭한마리는 매일이라도 (먹고 싶다) ＿＿＿＿＿ 맛있어요.

> 表現　-(으)ㄴ/는데　-느라고　-(으)ㅁ에 따라　-(으)ㄹ 정도로

(3) 今日読んだ文章を要約したものです。次の語句を使って韓国語に訳してみましょう。

> スマホの使用時間が増える中、**디지털 기기**(デジタル機器)の使用時間を減ら
> し、体と心を**치유하려는**(癒やそうとする)人々が登場している。これによっ
> て有名リゾートでも Wi-Fi や電磁波などを遮断して、静かに休める商品を**선
> 보이고 있다**(お披露目している)。

1 本文の音声を聞く ⬇DL 196

(1) 文章を見ないで音声を2〜3回聞いて、聞き取れた語句をノートにメモしてください。

(2) 下の文章を見て、(1)で聞き取れなかった部分にはアンダーラインを引きます。次に、もう一度音声を聞きながら、一息で読む切れ目に斜線を記入しましょう。

스마트폰 이용 시간이 늘어남에 따라 스마트폰에 중독된 사람들을 지칭하는 신조어들이 속속 등장하고 있다. 스마트폰에 열중하면서 걷는 사람들을 좀비에 비유한 '스몸비족', 휴대폰이 없으면 느끼는 불안을 의미하는 '노모포비아', 디지털 기기에 익숙해진 뇌가 현실에 무감각해지거나 무기력해지는 현상을 일컫는 '팝콘 브레인'이라는 신조어가 그 예이다.

그러나 한편으로는 스마트폰만 하느라고 자기 몸은 소홀히 했다는 사람들을 중심으로 '디지털 디톡스'를 실천하는 움직임이 나타나고 있다. 디지털 기기의 사용 시간을 줄여 몸과 마음을 치유한다는 뜻으로 '디지털 단식'이나 '디지털 금식'이라고도 한다.

이에 발맞추어 유명 여행업체나 리조트에서 이른바 '소음 디톡스' 상품을 내놓고 있다. 미국경제 전문지 <포천>에 따르면, 디지털 디톡스의 산업 규모는 2015년을 기준으로 100억 달러에 달할 정도로 성장하고 있다고 한다. 실제로, 유명 호텔 체인인 <만다린 오리엔탈>에서는 일부 스파 서비스에서 와이파이나 전자파 등을 차단하고 전자기기 등의 소음을 없앤 상품이 인기를 끌고 있다고 전했다.

2 聞き取りトレーニング

(1) シャドーイング

段落ごとに分けた音声 ⬇ DL 197~199 を使ってシャドーイングにチャレンジしてみましょう。(各段落目標3〜5回)

第1段落

1回目	2回目	3回目	4回目	5回目

第2段落

1回目	2回目	3回目	4回目	5回目

第3段落

1回目	2回目	3回目	4回目	5回目

(2) 音読 ⏳2分以内

文章を見ながら全体を音読します。最初は自分のペースでOKです。2分以内で読めるようになるまで音読しましょう。(目標5〜10回)

1回目	2回目	3回目	4回目	5回目	6回目	7回目	8回目	9回目	10回目

(3) 聞き取り確認

最後に文章を見ないで音声を聞き、❶の(2)でアンダーラインを引いた「聞き取れなかった部分」を中心に、全て聞き取れるようになったか確認しましょう。聞き取れない部分がまだ残っている場合は、その部分だけを5回程度音読し、さらに全体を流して聞き取れたか確認しましょう。

3 仕上げの問題

(1) 次の問いに、文章を見ずに韓国語で答えてください。また、答える際は、声に出して言ってからノートに書いてください。　📥 DL 200

① 「デジタルデトックス」とはどういう意味ですか?

② 実際に人気のある「騒音デトックス」とはどんなものですか?

(2) 発展会話

「発展会話全文　📥 DL 201」の音声を聞き、次の対話文の下線部を埋めて文章を完成させましょう。(目標3回)

가 : 저기 스마트폰에 ① _____ 걷는 사람들 좀 봐요. 꼭 좀비 같아요.

나 : 네. ② _____ 이라는 말이 딱 맞네요. 스마트폰을 하는 좀비.

가 : 저도 사실은 스마트폰 ③ _____ 인 것 같아요.

나 : 그렇다면 ④ _____ 가 필요할지도 모르겠네요.

가 : ⑤ _____ 이 되기 전에 얼른 디톡스를 실천해야겠어요.

나 : 중독 정도는 아니지만 저도 어디 가서 소음 디톡스하고 싶어요.

次の順番で会話練習をしてみましょう。(各目標3～5回)

① 「発展会話全文 ⬇DL 201 」の音声を聞きながら、一緒に言ってみましょう。なるべく本を見ないで、すらすら言えるようになったらOKです。

1回目	2回目	3回目	4回目	5回目

② 「나役になる ⬇DL 202 」の音声を聞き、나の部分でせりふを言います。なるべく本を見ないで、すらすら言えるようになったらOKです。

1回目	2回目	3回目	4回目	5回目

③ 「가役になる ⬇DL 203 」の音声を聞き、가の部分でせりふを言います。なるべく本を見ないで、すらすら言えるようになったらOKです。

1回目	2回目	3回目	4回目	5回目

④ 「日本語レスポンス ⬇DL 204 」の音声を流し、日本語を聞いたらすぐ韓国語で言ってみましょう。すらすら言えるようになったらOKです。

1回目	2回目	3回目	4回目	5回目

✓ できたかな?
チェックリスト

☐ 文章を読んで大意をつかむことができた
☐ 文章の内容を要約することができた
☐ 文章を正確に聞き取れた
☐ テーマに沿った会話ができた

参考文献

『트렌드 코리아 2019』
『트렌드 코리아 2020』
『알아두면 잘난 척하기 딱 좋은 우리말 어원사전』

解答と
日本語訳

카멜레존
カメレゾーン

　現代の新しい消費トレンドとして注目されている「カメレゾーン」は体の色を自由に変える「カメレオン」と空間を意味する「ゾーン(zone)」を合わせた単語である。特定の消費空間の用途を変化させたり、協業、共有などを通して新しく多様なアイデンティティーを持った空間に進化させたりする消費形態を意味する。

　カフェとレゴショップが協業したブックカフェではコーヒーを飲みながらレゴを組み立てたり、本を読んだりすることができる。この他にも銀行とコンビニ、コインランドリーとカフェの結合など、固有の空間が互いに異なるコンテンツの結合によって消費者に新鮮さと満足感を提供する。

　このようなカメレゾーンが登場した理由はオンラインチャンネルが提供できないオフラインチャンネルの強みを活用できるからである。ある流通業界関係者は、全く異なる機能が一つの空間に共存するカメレゾーンは、多様で新しい文化体験と情緒的な経験を消費者に提供する利点があると分析した。

1　(1)③
　　　(2)②
　　　　① カメレゾーンとは2種類の固有の空間が隣接している場所を意味する。
　　　　② カメレゾーンはオンラインで体験できない経験を提供できる。
　　　　③ カフェは他の固有の空間と協業しやすいので、カメレゾーンに多く利用される。
　　　　④ 単純な固有の空間の協業は消費者には新鮮さを提供できない。

3　(1)① 유통업계　　百貨店、大型スーパーなどの、流通業界は秋夕御贈答セット
　　　　　　　　　　　の予約割引セールを進めている。
　　　② 주목받는　　衣類乾燥機は梅雨の季節に注目される家電アイテムである。
　　　③ 등장할　　　今度のドラマは有名俳優が多く登場する予定である。
　　　④ 분석한　　　PM2.5の毒性を分析した結果が出ました。
　　　⑤ 협업　　　　今度の公演は各分野の専門家の協業で完成しました。

　　(2)① 보거나　　　週末には主に映画を見たり散歩をしたりします。
　　　② 성공시켜야　今度のプロジェクトは重要なので、必ず成功させなければならない。
　　　③ 이야기하며　彼は大声で話しながら入り口を見つめ続けた。

(3) 解答例

　　카멜레존은 특정 소비 공간의 용도를 변화시키거나 협업하여 소비자에게 신선함과 만족감을 느끼게 하는 새로운 소비 트렌드이다. 이것은 온라인에서는 경험할 수 없는 새로운 문화 체험과 정서적 경험을 제공한다는 이점이 있다.

2 日目

3 (1) 解答例

　　① 몸의 색을 자유로이 바꾸는 '카멜레온'과 공간을 뜻하는 '존'을 합친 단어로, 특정한 공간을 다양한 정체성을 가진 공간으로 진화시키는 트렌드를 의미하는 말입니다.

　　体の色を自由に変えるカメレオンと空間を意味するゾーンを合わせた単語で、特定の空間を多様なアイデンティティーを持った空間として進化させる消費形態を意味する言葉です。

　　② 커피를 마시며 레고도 조립할 수 있는 북카페, 은행과 편의점의 결합, 코인세탁소와 카페의 결합등이 있습니다.

　　コーヒーを飲みながらレゴも組み立てられるブックカフェ、銀行とコンビニの結合、コインランドリーとカフェの結合などがあります。

(2) ① 카멜레존　② 공간　③ 조립　④ 온라인　⑤ 정서적

　　가 : このブックカフェ面白そう。カフェの中にレゴショップも入っているそうです。

　　나 : あ、それカメレゾーンブックカフェのことでしょ?

　　가 : カメレゾーン?　それ何ですか?

　　나 : 体の色を自由に変える「カメレオン」と空間を意味する「ゾーン」を合わせて作った単語です。

　　가 : なるほど。お茶を飲みながら本を読んでいて、疲れたらしばらくレゴの組み立てもして、いいですね。

　　나 : どんなにオンラインが大手を振る世の中でも、やはり情緒的な経験と休息を提供するオフラインチャンネルは大切な空間ですよね。

テーマ 01
テーマ 02
テーマ 03
テーマ 04
テーマ 05
テーマ 06
テーマ 07
テーマ 08
テーマ 09
テーマ 10
テーマ 11
テーマ 12
テーマ 13
テーマ 14
テーマ 15
テーマ 16
テーマ 17
テーマ 18
テーマ 19
テーマ 20

짜파구리가 뭐야?
チャパグリって何？

1日目 日本語訳

　ポン・ジュノ監督の『パラサイト 半地下の家族』がアカデミー賞4冠を記録すると同時に映画に登場した「チャパグリ」に対する関心が世界に広まった。チャパグリは2009年に、あるネット民が、自分だけの異色レシピとして紹介して話題になった調理法である。映画においてチャパグリはラーメンとうどんを合わせた「Ram-don」として斬新に翻訳され話題になり、SNSにはチャパグリを実際に作って食べてみたネット民の好評が殺到している。

　このような人気に後押しされ、チャパゲティとノグリの製造会社である農心は自社YouTubeチャンネルにチャパグリの調理法を11言語で紹介する映像を掲載した。農心がおすすめする調理法は次の通りである。まず沸騰したお湯にチャパゲティの乾麺とノグリの乾麺、かやくを入れて4分30秒ゆでた後、麺のゆで汁を150ml残して、余分なお湯を捨てる。その次にチャパゲティ粉末スープ1袋、ノグリ粉末スープ半分、オリーブオイルを入れて均等に混ぜながら、弱火で30秒炒めると完成である。

　農心関係者は一時期にドラマの人気で「チメク※」ブームがあったように映画のような文化コンテンツを通して韓国の食文化を広めることは意味のあることだと述べた。そしてチャパグリのブームが続くように、多様な広報活動をする計画だと明らかにした。

※「チメク」とは、치킨(チキン)と맥주(ビール)の頭文字を取った造語。チキンとはフライドチキンのことなので、「チメク」とはフライドチキンとビールを組み合わせて食べることを意味します。

1　(1)④
　　　(2)②
　　　　　① 映画『パラサイト』を見た人々が作った斬新なレシピが話題になっている。
　　　　　② チャパグリはインターネット利用者が開発して話題になった調理法である。
　　　　　③ 食品会社の農心はチャパグリの調理法11種類をYouTubeチャンネルで紹介した。
　　　　　④ 農心関係者はチャパグリのブームを続けるために新しい調理法を開発中である。

3　(1)① 골고루　　　食べ物は偏食せずに食べてこそ健康になります。
　　　　　② 식문화　　　料理が好きなので韓国の食文化を世界に広める仕事をしたいです。
　　　　　③ 참신하게　このスマホはデザインが斬新なので(斬新に現れたので)人気がある。
　　　　　④ 화제　　　　この小説は日本でも話題になった有名な韓国の小説である。
　　　　　⑤ 힘입어　　　サッカー代表チームはファンの熱い声援に押されて勝ちました。

テーマ 01
テーマ 02
テーマ 03
テーマ 04
05
06
テーマ 07
テーマ 08
テーマ 09
テーマ 10
テーマ 11
テーマ 12
テーマ 13
テーマ 14
テーマ 15
テーマ 16
テーマ 17
テーマ 18
テーマ 19
テーマ 20

(2)① 먹기도 해요　朝は普通ご飯を食べますが、時間がないときはパンを食べること もあります。

② 설명해 줘요　私の韓国人の友達は私が質問すると、どんなに難しいことでもう まく説明してくれます。

③ 일이라고 말했다　彼女は現場にいたが自分は知らないことだと言った。

(3) 解答例

영화나 드라마에 나와서 화제가 된 짜파구리와 치맥처럼, 문화 콘텐츠를 통해 한국 의 식문화를 알리는 것은 중요한 일이다. 이런 열풍을 이어갈 수 있도록 다양한 홍 보 활동을 해 갈 필요가 있다.

(2 日目)

3 **(1) 解答例**

① 농심은 자사 유튜브 채널에 짜파구리 조리법을 11개 언어로 소개하는 영상 을 게재했습니다.
農心は、自社YouTubeチャンネルにチャパグリ調理法を11言語で紹介する映像を掲 載しました。

② 끓는 물에 짜파게티면과 너구리면, 플레이크를 넣고 4분 정도 끓인 후 면수를 조금 남기고 나머지 물을 버립니다. 그 다음에 분말스프랑 조미유를 넣고 골고 루 섞어 주며 약한 불에서 잠시 볶으면 됩니다.
沸騰したお湯にチャパゲティの乾麺とノグリの乾麺、かやくを入れて4分程度ゆでた後、 麺のゆで汁を少し残して、余分なお湯を捨てます。その次に粉末スープとオリーブオ イルを入れて均等に混ぜながら、弱火でしばらく炒めれば完成です。

(2)① 화제가 된　② 분말스프　③ 면수　④ 식문화　⑤ 열풍

가 : 映画、『パラサイト』見ましたか？

나 : もちろんですよ。私はその映画で話題になったチャパグリも作ってみました。

가 : あら、私もです。しかし私は辛いものがあまり食べられないので、ノグリの粉末スー プをほんの少しだけ入れました。

나 : 実は私は麺のゆで汁を少し多く残したせいで汁ありラーメンのようになってしま いました。

가 : 映画のような文化コンテンツを通して、その国の食文化を広めることは意味のあ ることのように思います。

나 : : 次は、どんな映画でどんな食べ物のブームが起こるのか気になりますね。

자기 몸 긍정주의

ボディー・ポジティブ・ムーブメント

1日目 日本語訳

　2014年に、ある社会学者が韓国人1000名を対象に自分の自尊感情を評価する時、重要な要素が何であるかを問うアンケート調査を実施した。その結果、外見に対する満足感が低いほど、自尊感情も低いという結果が出て、なお回答者の89.2%が韓国社会は人を外見で評価すると答えた。研究者は外見至上主義が強い社会であるほど個人の自尊感情が低くなる可能性が高いと指摘した。

　しかし最近では体のサイズや年齢、人種に関係なく全ての人はそれ自体で美しいというメッセージが込められた「ボディー・ポジティブ・ムーブメント(自分の身体肯定主義)」が世界的に広まっている。一例として2018年から京畿道で開かれている「青少年制服モデル選抜、および体験イベント」では、体重や体型と関係なく自分の身体自体を愛そうという最近の社会の雰囲気を反映して、国際結婚・移民者の家庭の子ども、障がい者、プラスサイズなど多様なモデルが選抜されている。

　インターネットやSNSの発達で他の人と自分を絶えず比較して自分自身を愛することが難しい時代になった。しかし「ボディー・ポジティブ・ムーブメント」のような動きは画一的なものだけを美しいと考えた認識から卒業し、ありのままの自分らしさを認めて、尊重する方向に動かしている。

1　(1)③

　　(2)④

　　　　① 韓国人の自尊感情に最も大きな影響を与えるものは外見という結果が出た。

　　　　②「ボディー・ポジティブ・ムーブメント」は内面の美しさも重要視する考え方である。

　　　　③ 京畿道で実施する多様なモデル選抜イベントが全国的に広がっている。

　　　　④ インターネットやSNSを利用すると他の人と自分を比較するようになりやすい。

3　(1)① 자존감　　　自己尊重感の略語は自尊感であるが、健康な心はまさにここから来るそうだ。

　　　　② 가능성　　　このビジネスは成功する可能性が高い。

　　　　③ 다문화가정　国際結婚や移住民との結婚で作られた家庭を多文化家庭と言う。

　　　　④ 획일적인　　大部分、痩せて白い肌の画一的な外見を持ったアイドルグループが多い。

　　　　⑤ 인정하고　　自分のミスを認めて、直そうと努力する人は成功するだろう。

　　(2)① 누구인지　　その人が誰なのかを聞きもせずにメールアドレスを教えてあげたの?

　　　　② 인재일수록　有能な人材であるほど見つけるのは難しいものでしょ。

　　　　③ 프로다움　　その投手は負傷にもかかわらず、徹底した準備で試合に臨むプロらしさを見せてくれた。

テーマ 01
テーマ 02
テーマ 03
テーマ 04
テーマ 05
テーマ 06
テーマ 07
テーマ 08
テーマ 09
テーマ 10
テーマ 11
テーマ 12
テーマ 13
テーマ 14
テーマ 15
テーマ 16
テーマ 17
テーマ 18
テーマ 19
テーマ 20

(3) 解答例

인터넷의 발달로 쉽게 남들과 비교하여 자존감이 낮아지기 쉬운 시대이지만 아름다움이란 획일적인 것이 아니라는 인식과 함께, 있는 그대로의 자신을 사랑하자는 움직임이 세계적으로 퍼지고 있다.

(**2** 日目)

3　(1) 解答例

① 신체 사이즈나 나이, 인종에 상관없이 모든 사람은 그 자체로 아름답다는 메시지가 담겨 있습니다.
体のサイズや年齢、人種に関係なく、全ての人はそれ自体で美しいというメッセージが込められています。

② 사람들이 SNS의 영향으로 인해 획일적인 것만을 아름답다고 여기던 인식에서 벗어나 각자의 개성을 인정하고 존중하는 방향으로 나아가게 되었습니다.
人々はSNSの影響によって画一的なものだけを美しいと考えていた認識から卒業し、各自の個性を認めて尊重する方向に進んで行くようになりました。

(2) ① 자기 몸 긍정주의　② 획일적인　③ 외모　④ 외모 지상주의　⑤ 자기다움

가 : 最近家にばかり閉じこもっていたらズボンが入らないんです。私はいつになったら痩せるかしら？

나 : そんなこと言わないでください。「ボディー・ポジティブ・ムーブメント」という言葉、ご存知ないんですか？

가 : それは知っているけれど、痩せていて損することはないではないですか。

나 : 親がそんな<u>画一的な</u>価値観を持っていては、子どもたちはどうすればいいというのですか。

가 : そういえばうちの2番目の子もSNS見ながら自分の<u>外見</u>のせいによくしてるわ。

나 : われわれの社会が一日も早く<u>外見至上主義</u>から卒業して、<u>自分らしさ</u>を認めて尊重する社会になったらいいですね。

어느 가왕의 이야기

ある歌王のストーリー

1日目 日本語訳

　現在も精力的な活動を続けている歌手A氏は、数十曲のヒット曲で全国民に愛されるスーパースターであった。全盛期には舞台で一曲を歌うだけで今のお金で3000万〜4000万ウォン程度をもらうほどであったという。

　そんな彼にある日、とある療養型病院の院長から連絡が来た。自分の病院に14歳の知的障害の女の子がいるが、どんな刺激にも反応を見せなかったのに、偶然A氏の歌を聴いて涙を流したというのである。院長は少女の両親が貧しい暮らしをしているが、いくらでも払うつもりなので、病院に来て1曲だけ歌ってくれることを望んでいると伝えた。歌手A氏はためらうことなくその日のイベントを全てキャンセルして田舎にある療養型病院に駆け付けた。

　無表情で座っている少女に会ったA氏は少女の手を握って彼女が涙を流したという歌を歌った。奇跡はその時起きた。少女が声を出してわんわん泣き始めたのである。少女の両親もつられて泣き、A氏にお金を払いたいと言った。すると彼は「お嬢様の涙は私がこれまで稼いだお金よりも高く、貴いです」と言って病院を後にした。その歌王はまさに日本でも「釜山港へ帰れ」で有名なチョー・ヨンピルである。

1 　(1)②

　　　(2)④

　　　　① チョー・ヨンピルは療養型病院の院長に少女の話を聞いて急いでイベントを終えた。

　　　　② チョー・ヨンピルは知的障害の少女に「釜山港へ帰れ」を歌ってあげた。

　　　　③ チョー・ヨンピルは少女の両親が支払ったお金が少ない額であったがありがたく受け取った。

　　　　④ 普段感情を見せられなかった少女が、チョー・ヨンピルの歌を聴いて涙を流した。

3 　(1)① 왕성한　　彼はノーベル賞を受賞して以降も絶えず<u>精力的</u>な活動を続けている。

　　　　② 전성기　　その歌手の歌は<u>全盛期</u>の時より今の方がはるかに聴き心地が良い。

　　　　③ 자극　　　私は皮膚がほんの少しの<u>刺激</u>にも反応をするので、マスクを着けられない。

　　　　④ 표정　　　彼は何も言わなかったが、<u>表情</u>を見るだけでも怒っていたようだった。

　　　　⑤ 귀한　　　教授のその一言はどんな本からも得られない<u>貴い</u>言葉である。

　　　(2)① 건너다가　　　　　横断歩道を<u>渡</u>っていて偶然元カレに会った。

　　　　② 한턱낼 테니까　　今日は私が<u>ごちそうするから</u>食べたいものを全部注文して。

　　　　③ 아무　　　　　　　あなたが別れようと言った時、私は<u>何</u>も言えなかったわ。

テーマ
01

テーマ
02

テーマ
03

テーマ
04

テーマ
05

テーマ
06

テーマ
07

テーマ
08

テーマ
09

テーマ
10

テーマ
11

テーマ
12

テーマ
13

テーマ
14

テーマ
15

テーマ
16

テーマ
17

テーマ
18

テーマ
19

テーマ
20

(3) 解答例

슈퍼스타인 가수 조용필은 전성기 때, 감정을 표현하지 못하는 지적장애 소녀를 직접 찾아가 노래를 불러 주었다. 소녀는 그의 노래를 듣고 눈물을 흘렸고 소녀의 부모는 감사의 마음으로 돈을 지불하려 했지만 조용필은 받지 않았다.

(2 日目)

3 (1) 解答例

① 어떤 자극에도 반응을 보이지 않다가 그의 노래를 듣고 눈물을 흘렸다고 합니다.

どんな刺激にも反応を見せなかったが、彼の歌を聴いて涙を流したそうです。

② "따님의 눈물이 제가 지금까지 벌었던 돈보다 더 비싸고 귀합니다."라고 말했습니다.

「お嬢様の涙は、私がこれまで稼いだお金よりも高く、貴いです」と言いました。

(2) ① 유명한 ② 지적장애 ③ 자극 ④ 취소하고 ⑤ 기적

가 : このストーリー、とても感動的だな。歌手のチョー・ヨンピルさん、ご存知ですよね。

나 : はい、「釜山港へ帰れ」という歌で日本でも有名な歌手ではないですか。

가 : その歌手と、ある知的障害の女の子のストーリーなんですが。

나 : あ、私も聞いたことがあります。どんな刺激にも反応を見せなかった少女が、彼の歌を聴いて涙を流したって。

가 : そうなんです。その話を伝え聞いたチョー・ヨンピルさんが、その日のイベントをキャンセルして駆け付け、少女の手を握って歌を歌うや、奇跡が起こったというストーリー！

나 : やはり音楽には人の心を治す力があるようです。

DIY 여행
DIY旅行

日本語訳

　韓国人の2人に1人は海外旅行経験があるという。そして多くの旅行者が、なじみのない外国を簡単に旅行できるパッケージツアーを選択する。パッケージツアーは特に旅行経験が多くなかったり、現地の言語を知らなかったりする場合、非常に大きなメリットを持つ。しかしパッケージツアーの多くの長所にもかかわらずその特性上、余裕のない旅行スケジュールや自由に選択できない観光コース、口に合わなくても決められた食事をしなくてはいけないなどの短所も付随するものである。

　このような部分を補完するためにDIY旅行という新しいパッケージが登場した。消費者が自分で観光商品を作るという意味で、希望するパッケージ商品のみ選択できる。すなわちパッケージツアーの長所と個人旅行の長所を結合した形態といえる。

　これに足並みをそろえて、現地で体験するアクティビティーツアーも増えているが、例えばローマ旅行ではない「ローマ家庭料理クラス」に参加するとか、ロンドン旅行ではない「ロンドンで楽しむカーブフィッシング体験」に申し込むという具合である。次の旅行はこのようなDIY旅行を通して自分だけの特別なオーダーメード旅行を計画してみるのはどうだろうか？

1　(1)①
　　　(2)②
　　　　　① 韓国人の半分は海外旅行に行くとき、パッケージツアーを選択する。
　　　　　② パッケージツアーは自分の趣向と合わないコースが含まれている場合もある。
　　　　　③ アクティビティーツアーは旅行先の伝統文化を体験する内容で構成される。
　　　　　④ DIY旅行の最大の長所は旅行の全てを自由に計画できるという点である。

3　(1)① 현지　　　　いつかはミュンヘンに行って現地のヨーロッパの人々と一緒にビールを飲みたい。
　　　　② 빡빡한　　　スケジュールに余裕のない旅行は二度としないつもりだ。
　　　　③ 단점　　　　彼は長所は数え切れないほど多いが、短所は見つからない。
　　　　④ 결합한　　　「コロナブルー」とは、「新型コロナ」と「ゆううつな気持ち」という意味の「ブルー」が結合した造語である。
　　　　⑤ 참여하면서　オンラインイベントに参加して多くの人に会うようになった。

　　　(2)① 축하하기 위해　先輩の誕生日を祝うために面識のない後輩までみんな集まった。
　　　　② 사랑한다든지　彼氏から愛してるだとかいう甘い言葉は聞いたことがありません。
　　　　③ 겪기 마련이에요　旅行をしていると、戸惑うようなことを経験するものです。

(3) 解答例

패키지여행과 자유 여행의 장점을 결합한 DIY여행은 소비자가 원하는 패키지 상품을 선택할 수 있는 새로운 여행 스타일이다. 이에 발맞추어 현지의 문화를 체험할 수 있는 액티비티 투어도 늘어나고 있다.

2日目

3　(1) 解答例

① 장점은 여행 경험이 많지 않거나 현지의 언어를 모르는 여행자가 낯선 외국을 편하게 여행할 수 있다는 점. 단점은 빡빡한 여행 스케줄, 관광 코스와 식사를 자유롭게 선택할 수 없다는 점입니다.

長所は旅行経験が多くなかったり、現地の言語を知らなかったりする旅行者が、なじみのない外国を簡単に旅行できるという点。短所は余裕のない旅行スケジュール、観光コースと食事を自由に選択できないという点です。

② 자유 여행을 하면서 소비자가 원하는 패키지 상품만 선택할 수 있는 새로운 여행 스타일입니다.

個人旅行をしながら、消費者が希望するパッケージ商品のみ選択できる新しい旅行のスタイルです。

(2) ① 빡빡해서　② 낯선　③ 현지　④ 체험　⑤ 액티비티

가 : ロンドンに行ってこられたんですって？　たくさんの場所を見物されましたか？

나 : はい、たくさん回りはしたのですが、パッケージツアーだったのでスケジュールが余裕がなくてゆっくり見られませんでした。

가 : それは残念でしたね。だからといってなじみのない外国を一人で歩き回ることもできないですし……。

나 : 最近DIY旅行という新しいパッケージが登場したと聞きました。

가 : あ、個人旅行をしながら現地で特別な体験をできるという、あの……。

나 : はい、アクティビティーツアーです。次のロンドン旅行のときはスコーン作り体験もしようと思います。

1인 미디어 크리에이터 양성 교육 실시
ひとりメディアクリエイター養成教育実施

(1日目)　日本語訳

　わが街サンジン区では専門的な映像コンテンツを企画、制作できる人材を養成するために4月の20日間、15回にわたり、青年およびキャリアブレイク女性を対象に、ひとりメディアクリエイター(YouTuber)養成教育を実施します。

　募集期間は2020年2月11日から3月15日までで、教育日程は2020年4月1日から4月20日までとし、平日に実施します。申請対象は就職と起業に関心のある青年、キャリアブレイク女性ならびに中高年、その他本教育課程に関心がある就職および起業希望者です。教育費は無料で、申請受付はサンジン区役所1階にある雇用支援センター窓口で行います。

　本養成教育にはひとりメディアクリエイターを目標とする対象者に、クリエイターとして要求される必須専門知識ならびに技術などを効率的に伝達できる課程が準備されています。またコンテンツの企画、撮影、ドローン撮影、編集、装備などについての教育が行われます。関心ある方々の多くの参加をお待ちしております。

1　(1)③

　　　(2)④

　　　　① サンジン区で約2週間にわたってひとりメディア教育を実施する。

　　　　② 教育課程を終えた就職希望者はサンジン区に就職する機会が与えられる。

　　　　③ 就職したことがある人は教育対象に含まれない。

　　　　④ 就職と起業に関心があれば費用をかけずに教育を受けられる。

3　(1)① 인재　　　　　釜山市は新しい人材を養成するための教育を実施している。

　　　　② 모집한다고　安城市は市立少年少女合唱団の団員を募集すると明かしました。

　　　　③ 창구　　　　　申請受付は1階にある雇用支援センター窓口でできる。

　　　　④ 효율적　　　　自分の考えを効率的に伝達するためには映像資料を使用すればいい。

　　　　⑤ 편집하기　　　YouTuberになるには、撮影した映像を編集するための装備が必要である。

　　　(2)① 작가이며　　　彼は学者であって作家であり、教師でもある。

　　　　② 대표로서　　　私は本日わが校の代表としてこの場に参加しました。

　　　　③ 피어 있어　　　早く来てみて！　ものすごく大きな花が咲いているよ！

(3) 解答例

상진구에서는 1인 미디어 크리에이터를 목표로 하는 대상자에게 20일간의 양성 교육을 무료로 실시한다. 교육 내용은 콘텐츠의 기획과 촬영 등 크리에이터로서 요구되는 필수 전문 지식과 기술에 관한 과정이 포함된다.

(2 日目)

3 **(1) 解答例**

① 청년 및 경력 단절 여성, 중장년을 대상으로 전문적인 영상 콘텐츠를 기획, 제작할 수 있는 인재를 양성하는 것이 양성 교육의 목적입니다.
青年およびキャリアブレイク女性、中高年を対象に、専門的な映像コンテンツを企画、制作できる人材を養成することが養成教育の目的です。

② 크리에이터로서 요구되는 필수 전문 지식과 기술 교육, 콘텐츠의 기획, 촬영, 편집, 장비 등에 관한 교육을 실시합니다.
クリエイターとして要求される必須専門知識と技術教育、コンテンツの企画、撮影、編集、装備などに関する教育を実施します。

(2) ① 양성교육 ② 기획 ③ 촬영 ④ 편집 ⑤ 장비

가 : YouTuberデビューおめでとうございます。

나 : ありがとうございます。区で実施する養成教育のおかげですね、ほんとに。

가 : コンテンツ企画も斬新で映像もきれいでしたね。

나 : ドローンを使用して撮影をしてみたんですが、思ったよりよく撮れてたんですよ。

가 : なるほど。映像を編集するには装備も必要ではないですか？

나 : まだ無料編集プログラムを使っています。ナオミさんも試しに始めてみてください。

テーマ 01
テーマ 02
テーマ 03
テーマ 04
テーマ 05
テーマ 06
テーマ 07
テーマ 08
テーマ 09
テーマ 10
テーマ 11
テーマ 12
テーマ 13
テーマ 14
テーマ 15
テーマ 16
テーマ 17
テーマ 18
テーマ 19
テーマ 20

모델 김칠두 씨
モデル、キム・チルトゥ氏

(1日目)　日本語訳

　韓国のシニアモデル第1号であるキム・チルトゥ氏は1955年生まれで、60を過ぎてモデルという職業に挑戦することになる。若い頃繁盛した外食事業が失敗するや、家族を養うために肉体労働などを転々としたが、60代半ばに差し掛かると、体力がついていかなくなった。そんなときにちょうど、キム氏が若かったとき、ファッションに関心があったことを知っていた娘が彼にモデルの仕事を勧めた。

　キム氏は、最初はとんでもないと考えたが、娘の言葉に勇気をもらって、胸の奥底にずっとしまっておいた夢に挑戦することを決心する。すぐにシニアモデル専門スクールに登録したが、それからわずか１カ月でF/Wへラソウルファッションウィークの舞台に立つことになった。彼は現在アイドルに引けを取らないスケジュールをこなしながら活動中である。

　キム氏は「年は取ったが相変わらず意欲はある」と述べ、人生に「遅い時期」というものはないので、何であろうが今やろうと決めたことを実践に移すのが重要だと語る。今後演技や歌、YouTubeなどにも挑戦する計画だというキム・チルトゥ氏は、中年の重厚感とカリスマで人生の第２幕を楽しんでいる。

1　(1)④

　　 (2)③

　　　① キム・チルトゥ氏は韓国のモデルの中で唯一年齢が60歳を超えている。

　　　② 娘の勧めでモデルに挑戦することになったキム・チルトゥ氏は、一人の努力で舞台に立つことになった。

　　　③ キム・チルトゥ氏はモデルの仕事に挑戦してから、現在非常に忙しく過ごしている。

　　　④ キム・チルトゥ氏は今後演技や歌などに挑戦するシニアを援助する計画である。

3　(1)① 시절　　　若い頃にモデルであった彼女は今でも姿勢が美しい。

　　　② 막노동　　貧しい家の長男として生まれた彼は学生の頃に肉体労働をした。

　　　③ 따라 주지　毎日テニスをしたいが、今では体力がついていかない。

　　　④ 중후함　　彼は今回のドラマで光り輝く中年の重厚感を見せてくれた。

　　　⑤ 마음먹은　彼は何であれ、やろうと決めたことは必ず実践に移す。

　　 (2)① 살게 되었어요　父の仕事で家族が全員外国で暮らすことになりました。

　　　② 떨어지자　　彼は長い時間準備した試験に落ちると失望して外国に旅に出掛けた。

　　　③ 가기로 했는데　友達と週末に何をしようかと話をしていて、ディズニーランドに行くことにしたんだけど、土曜日に雨が降るんだって。

(3) 解答例

김칠두 씨는 사업에 실패한 후 여러 일을 전전하다가 60이 넘은 나이에 모델에 도전했고 바쁘게 활동 중이다. 그는 인생에 늦은 시기라는 건 없으니 마음먹은 일을 실천으로 옮기는 것이 중요하다고 말한다.

2 日目

3 **(1) 解答例**

① 사업이 실패하자 가족을 부양하기 위해 막노동 등을 전전하다가 딸의 권유로 용기를 얻어 모델이라는 직업에 도전했다고 합니다.
   事業が失敗すると、家族を養うために肉体労働などを転々としていたが、娘の勧めで勇気をもらい、モデルという職業に挑戦したそうです。

② 앞으로 연기나 노래, 유튜브 등에도 도전할 계획이라고 합니다.
   今後演技や歌、YouTubeなどにも挑戦する計画だそうです。

(2) ① 등록한 ② 권유해서 ③ 못지않은 ④ 제2막 ⑤ 마음먹은

가 : 60을 과거 모델에 挑戦するとは！　本当にすごいですね。
나 : 人生に遅い時期というものはないようです。
가 : しかもモデルの専門学校に登録してから1カ月で舞台に立つことになったそうです。
나 : 娘が勧めてくれて勇気をもらったそうですよね？
가 : はい。それに今もアイドルに引けを取らないスケジュールをこなしながら活動中だそうです。
나 : 私も人生の第2幕のために、やろうと決めたことを実践に移さなくてはいけません。

テーマ 01
テーマ 02
テーマ 03
テーマ 04
テーマ 05
テーマ 06
テーマ 07
テーマ 08
テーマ 09
テーマ 10
テーマ 11
テーマ 12
テーマ 13
テーマ 14
テーマ 15
テーマ 16
テーマ 17
テーマ 18
テーマ 19
テーマ 20

청와대 국민청원 게시판

大統領府国民請願掲示板

1日目 日本語訳

　2017年、新政府がスタートすると同時に、大統領府は国民請願掲示板を作り運営していますね。30日間で20万人以上の国民が同意した請願に対しては政府で公式答弁をしなくてはならないシステムです。匿名で簡単に文を載せることができる開かれた空間という特性上、とんでもない内容の訴えも絶えず上がってきています。そのうちのいくつかをちょっと見てみましょうか？

　2018年のロシアワールドカップの際、韓国がスウェーデンに負けるとスウェーデンとの戦争を要求する請願が上がってきました。サッカーが原因で戦争だなんて。敗北に対する悔しさをキーボードで晴らしたようですね。世界的に高い人気を集めている防弾少年団(BTS)を解散させてくれという請願と、この請願を取り下げてくれという請願が同時に上がってきたケースもありました。それ以外にもサッカーのスター選手、ソン・フンミンの代わりに自分を軍隊に送ってくれとか、ロングダウンコートを着ることを規制してくれという請願、フルーツ味のキャラメルがあまりにも固くて前歯が折れたのでちょっと柔らかく作ってくれというとんでもない請願まであったそうですね。

　良い趣旨の下に作った掲示板が効率的に使用されるように、請願を上げるときは慎重に考えなくてはならないと思います。大統領府の掲示板は落書き帳ではないからです。

1 (1)③

　(2)①

　① 国民請願掲示板にはとんでもない内容の請願も多く見つけることができる。
　② 請願を上げようとするならば請願者の名前を確実に明らかにしなければならない。
　③ 請願の内容は多少とんでもないものでも多く上げて活性化させるのがいい。
　④ 国民請願掲示板に上げた請願を20万人以上が照会すると、政府で公式答弁しなくてはならない。

3 (1)① 게시판　　同窓会掲示板に私たちのクラスのウニが芸能人と結婚したというニュースが上がっていたよ。

　　② 황당한　　推しのアイドルのツイートにあまりにもとんでもないコメントがついて腹立つわ。

　　③ 딱딱해서　　キャラメル食べていてあまりに硬いので前歯が折れました。

　　④ 꾸준히　　韓国語の勉強は地道に続けなければなかなか伸びません。

　　⑤ 익명　　名前も明かさない匿名の書き込みはそのままごみ箱に捨ててください。

(2) ① 태풍 때문에   せっかくの休暇なのに<u>台風のせいで</u>どこにも行けず、家に
いなくてはいけないだなんて。

     ② 안 먹은 것 같아서   彼氏に会う前に鏡を見たんだけど、今日に限って化粧の<u>ノ</u>
<u>リが悪かったようで腹立</u>った。

     ③ 준비해 달라고 했으니까   あらかじめ友達に<u>準備してくれ</u>と<u>言ったから</u>問題ないよ。

(3) 解答例

2017년부터 운영되고 있는 청와대 국민청원 게시판은 누구라도 익명으로 글을 올
릴 수 있다. 좋은 취지로 만든 게시판이 유용하게 사용되도록 청원은 신중하게 생
각해서 올려야 한다.

2 日目

3 **(1) 解答例**

     ① 30일 동안 20만 명 이상의 국민들이 동의한 청원에 대해서는 정부에서 공식
답변을 해야 하는 시스템입니다.

     30日間で20万人以上の国民が同意した請願に対しては政府で公式答弁をしなくて
はならないシステムです。

     ② 러시아 월드컵 때 한국이 스웨덴에 패하자 스웨덴과의 전쟁을 요구하는 청원.
방탄소년단을 해체해 달라는 청원, 또 그 청원을 내려 달라는 청원 등입니다.

     ロシアワールドカップの際、韓国がスウェーデンに負けるとスウェーデンとの戦争を
要求する請願、防弾少年団を解散させてくれという請願、またその請願を取り下げ
てくれという請願などです。

(2) ① 황당한   ② 착의   ③ 취지   ④ 국민청원   ⑤ 신중하게

     가 : どうしてこんな<u>とんでもない</u>請願があるんですか？ ワールドカップに負けたからっ
て戦争をしようだなんて。

     나 : 本当ですね。そういえばロングダウンコートを<u>着る</u>ことを規制してくれという請
願はどのようにお考えになりますか？

     가 : はい。学校ではロングダウンコートがあまりにも高価で歩きづらいという理由で
禁止しましたよね。

     나 : <u>趣旨</u>は分かりますが、学生にとっては寒いから着るロングダウンコートを着るな
というのはあまりにも行き過ぎているということでしょ。

     가 : いずれにしても<u>国民請願掲示板</u>であるだけに効率的に使ってほしいです。

     나 : その通りです。請願を載せるときはもう少し<u>慎重</u>に考えなくてはいけませんよね。

テーマ 01
テーマ 02
テーマ 03
テーマ 04
05
テーマ 06
07
テーマ 08
テーマ 09
テーマ 10
11
テーマ 12
テーマ 13
14
テーマ 15
16
テーマ 17
テーマ 18
テーマ 19
テーマ 20

짜장면의 탄생
ジャージャー麺の誕生

(**1** 日目) 日本語訳

　1882年、壬午軍乱※1が起こると同時に朝鮮は清に軍隊派遣を要請しました。このとき、40名余りの商人が清軍について入ってきましたが、これが韓国に華僑居住地ができた契機です。清との通商条約が締結されると同時に、仁川公園近隣一帯に華僑居住地が作られました。彼らが食していた高級料理を清料理と呼びましたが、1905年には「山東会館」という清料理専門店もできました。このとき出したジャージャー麺は今とは違い、黒みそに麺を混ぜて食べる山東※2式ジャージャー麺だったそうです。今日、私たちになじみのあるジャージャー麺は朝鮮戦争を経る過程で開発されましたが、山東式とは違い、タマネギと肉、片栗粉を入れて黒みそを水で薄めて作る料理です。

　仁川市は2005年に「ジャージャー麺誕生100周年」祭りを開催したそうです。貧しい時代に生まれ、韓国人がよく食べる料理になったジャージャー麺は、おいしいだけでなく手頃な値段なので、今でも韓国人が好んで食べる代表的な料理の一つになりました。

※1 임오군란(壬午軍乱)：朝鮮の漢城（現在のソウル）で、日本支援のもと開化政策を進めていたが、財政出費がかさみ、旧軍兵士への俸給が滞った。こうした差別待遇に不満を抱いた旧軍兵士が起こした反乱。

※2 中国の地名は中国語の音を直接書くのが標準であるため、산둥(母音がㅜ)となる。

1　(1)②

　　(2)②

　　　　① 1882年、清との貿易で仁川一帯に華僑居住地ができた。

　　　　② 現在のジャージャー麺は山東式ジャージャー麺に比べて水分が多い。

　　　　③ 現在のジャージャー麺は華僑居住地で作った味を維持している。

　　　　④ ジャージャー麺は韓国人が好んで食べる料理であるが、価格は多少高い方である。

3　(1)① 파견　　　事故現場に救助隊員たちが派遣された。

　　　　② 거주지　ソウルの延禧洞は華僑の集団居住地だったそうだ。

　　　　③ 과는 달리　韓国式チャンポンはジャージャー麺とは異なり、辛い食べ物です。

　　　　④ 비벼 먹는　おかずがないときには冷蔵庫にあるナムルとご飯を混ぜて食べるのが最高です。

　　　　⑤ 저렴한　最近は品質が良くて価格も手頃なブランドが多いです。

　　(2)① 세워져서　家の前に大きなマンションが建てられて昔ほど日の光が入ってこない。

　　　　② 살던　幼い頃住んでいた村は近所の人が皆仲良く暮らす田舎だった。

③ 아름다울 뿐만 아니라　あの俳優は<u>美しいだけでなく</u>私生活も手本になる人だよ。

(3) 解答例

짜장면은 임오군란 때 조선에 들어온 청나라 상인들의 음식에서 시작되었고 6·25 전쟁을 거치면서 현재의 짜장면이 되었다. 어려운 시대에 만들어진 짜장면은 저렴해서 한국인이 즐겨 먹는 음식 중 하나이다.

───

(2 日目)

3　**(1) 解答例**

① 임오군란 때 청나라의 군대가 조선에 파견되면서　40여 명의 상인이 청군을 따라 들어온 것이 화교 거주지가 생긴 계기입니다.

壬午軍乱の際、清国の軍隊が朝鮮に派遣されると同時に、40名余りの商人が清軍について入ってきたのが、華僑居住地ができた契機です。

② 한국인의 입에 익숙한 짜장면은 6.25 전쟁을 거치면서 양파와 고기, 전분을 넣고 춘장을 묽게 해서 개발된 것이라고 합니다.

韓国人の口になじんだジャージャー麺は朝鮮戦争を経る過程で、タマネギと肉、片栗粉を入れて黒みそを水で薄めて開発されたものだそうです。

(2) ① 대표 음식　② 짜장면　③ 즐겨 먹어요　④ 춘장　⑤ 양파

가 : 韓国の<u>代表的な</u>料理といえば何が思い浮かびますか?

나 : そうですね。キムチ、焼き肉…ビビンバ?

가 : 私は<u>ジャージャー麺</u>を挙げたいです。

나 : あ!　私もジャージャー麺は<u>好んで食べ</u>ます。作ってみようと思ってスーパーで<u>黒みそ</u>を買ったんです。

가 : そうですか。それなら肉とタマネギを入れて炒めた黒みそソースを麺の上にかけて、その上にグリーンピースとウズラの卵を載せてみてください。さらにおいしそうに見えると思いますよ。

나 : 最高!　きれいそう。作ったら証拠の写真アップしますね。

テーマ
01
テーマ
02
テーマ
03
04
テーマ
05
テーマ
06
テーマ
07
テーマ
08
テーマ
09
テーマ
10
テーマ
11
テーマ
12
テーマ
13
テーマ
14
テーマ
15
テーマ
16
テーマ
17
テーマ
18
テーマ
19
テーマ
20

늘어나는 채식주의자

増加するベジタリアン

(1日目) 日本語訳

　英国の時事週刊誌『エコノミスト』は2019年を「菜食の年」と宣言した。25〜34歳の米国人のうち、4分の1がベジタリアンというアンケート結果も出た。ベジタリアンは完全菜食主義者であるビーガン、卵は食べるオボ・ベジタリアン、卵と乳製品、海産物までは食べるペスコ・ベジタリアンなどに分かれ、このようなベジタリアンの思想や哲学を「ビーガニズム※」という。

　国内でもベジタリアンが急速に増えている。韓国菜食連合によると、国内菜食人口は2008年の15万人から、2019年に150万〜200万人に急増したという。増加した数に比べ、依然として社会的理解度は低い方であっても、一部のベジタリアンは肉が入っていない食べ物を自分で作って積極的に菜食を実践している。

　大型スーパー業界もビーガン対応に乗り出した。動物実験をしないビーガン化粧品、卵や乳製品が入っていないパンをはじめとして、ケーキ、純植物性マヨネーズなどを販売している。ある大型スーパー商品企画担当者は、「賢い消費に対する認識が広がり、菜食人口が急増するとともに、ビーガンは次第にメガトレンドに拡張しつつある」と述べた。

※韓国では菜食を実践する思想を全てひっくるめて비거니즘(ビーガニズム)と表現することが多いが、本来は動物性の食べものを一切摂取しない思想をビーガニズム、肉を避けた食生活をする思想をベジタリアニズムと称する。

1 　(1)④

　　(2)②

　　　　① 米国人の4分の1がベジタリアンというアンケート結果が出た。

　　　　② 韓国人ベジタリアンは10年間に10倍以上増えた。

　　　　③ 一部ベジタリアンは肉が入っていない料理を作って販売している。

　　　　④ 大型スーパー業界は菜食を好む傾向は長く続かないだろうと見込んでいる。

3 　(1)① **급증했다고** 　ソウルを中心に一人世帯が急増したという。

　　　② **적극적** 　父は最近健康管理を積極的に実践している。

　　　③ **모시기** 　大型スーパー業界は苦労した受験生への対応(お疲れ様セール)に乗り出した。

　　　④ **채식주의자** 　韓国の小説、『菜食主義者』が2015年にマンブッカー国際賞を受賞した。

　　　⑤ **유제품** 　娘は乳製品アレルギーがあるのでチーズも食べられない。

　　(2)① **사실일지라도** 　そのうわさが事実であっても私は私の計画を変えません。

　　　② **흐르면서** 　時間がたつにつれ、やけどで負った傷は次第に癒えた。

③ 잘되어 가지만　最近会社の仕事は皆の努力で<u>うまくいきつつあるが</u>、あまりにも忙しいので少し疲れている。

(3) 解答例

채식주의자들의 사상을 의미하는 비거니즘은 세계적인 경향으로 최근 한국에서도 급증하고 있다. 이에 따라 대형마트 업계에서는 채식주의 관련 상품을 내놓고 있으며 비거니즘은 보다 확장될 것으로 전망하고 있다.

---

2 日目

3　**(1) 解答例**

① 완전히 채소만 먹는 비건, 달걀은 먹는 오보, 달걀과 유제품 그리고 해산물까지 먹는 페스코 등이 있다고 합니다. 이러한 채식주의자들의 사상이나 철학을 비거니즘이라고 합니다.
　徹底して野菜のみ食べるビーガン、卵は食べるオボ・ベジタリアン、卵と乳製品、そして海産物まで食べるペスコ・ベジタリアン等があるそうです。このようなベジタリアンの思想や哲学をビーガニズムといいます。

② 일부 채식주의자들은 고기가 들어가지 않은 음식을 직접 만들어 먹기도 하고 대형마트에서는 비건 화장품이나 유제품이 들어가지 않은 식품을 내놓고 있습니다.
　一部ベジタリアンは肉が入っていない料理を自分で作って食べることがあり、大型スーパーではビーガン化粧品や乳製品が入っていない食品を販売しています。

(2) ① 대형마트　② 동물실험　③ 유제품　④ 순 식물성　⑤ 급증했다는

가 : ここの<u>大型スーパー</u>はビーガンのための製品をたくさん売っています。

나 : 本当ですね。<u>動物実験</u>をしていないビーガン化粧品もありますね。

가 : こちらには<u>乳製品</u>が入っていないパンと<u>純植物性</u>マヨネーズコーナーもあります。菜食人口が急増したという話がリアルに感じますよね？

나 : 本当にそうですね。実は私も野菜がとても好きな方なのでこれからここによく来ると思います。

가 : そうなんですか？　先日の食事のとき、ステーキばかり召し上がって、サラダは必要ないと……。

나 : あ、あのときは……。私が肉ダイエットをしていたんですよ。

テーマ 01
テーマ 02
テーマ 03
テーマ 04
テーマ 05
テーマ 06
テーマ 07
テーマ 08
テーマ 09
テーマ **10**
テーマ 11
テーマ 12
テーマ 13
テーマ 14
テーマ 15
テーマ 16
テーマ 17
テーマ 18
テーマ 19
テーマ 20

'호캉스' 를 아세요?

「ホカンス」をご存じですか？

1日目 日本語訳

ホカンス(Hocance)とは、ホテル(Hotel)とバカンス(Vacances)を合成して作った造語で、ホテルで休暇を過ごすことを意味する。旅行先で宿泊のために利用するのではない、ホテルそれ自体が目的という点が一般の旅行でのホテル利用と異なる点である。

ホカンスを楽しむためにかかる費用は観光地や海外旅行にかかる費用より手頃でコスパ面でも優れている。混雑する観光地を回るよりホテル内のプールやジム、サウナ、バイキングなど多様な付帯施設を利用して、ゆっくり休息を取りたい現代人にふさわしい休暇スタイルと言える。

ある予約アプリの関係者によると、旧正月や秋夕のような大型の祝日連休が終わった途端にホカンスを過ごすための予約が急増するという。2020年の旧正月連休直後もやはり1週間の宿泊予約はホテルとリゾート部門が約60%を占め、昨年に比べて8.4ポイント増加したということだ。

このような傾向を反映して、全国の有名ホテルでは「祝日症候群克服のためのホカンス」など、多様なテーマのパッケージ商品を売り出している。

1 (1)①
(2)②

① 一般の旅行より費用が手頃だという点がホカンス最大の長所である。
② ホカンスの目的は、ホテルの付帯施設を利用して休むことである。
③ ホカンスの予約はインターネットを通してのみ可能である。
④ ホカンスの予約は大型の祝日連休が終わる直前に急増する。

3 (1)① 신조어   新型コロナによって生まれた造語がとても面白い。
② 명절증후군 家族みんなで祝日症候群を克服し、楽しい秋夕を迎えましょう。
③ 휴식   あまり無理せず、1日ぐらいは家で休息を取ってください。
④ 차지하는   うちの生活費の大部分を占めるものは、やはり食費です。
⑤ 출시   スマホの最新モデルの発売がとても待ち遠しい。

(2)① 떨어지기가 무섭게 コーチの指示が降りた途端選手はすぐに運動場に集まった。
② 꺼내   彼女はファーコートを取り出し、着て出掛けた。
③ 만들기보다 あんなに調理が面倒な料理なら、家で作るより外で食べる方が楽そうだわ。

テーマ
01
テーマ
02
テーマ
03
テーマ
04
05
06
テーマ
07
08
テーマ
09
テーマ
10
テーマ
11
12
13
テーマ
14
15
16
17
18
19
20

(3) 解答例

복잡한 관광지를 도는 일반 여행보다 호텔의 부대시설을 이용하며 느긋하게 휴식을 취하려는 현대인들이 늘고 있다. 이러한 경향을 반영하여 유명 호텔들은 다양한 테마의 호캉스 상품을 출시하고 있다.

2 日目

3 (1) 解答例

① 호캉스란 호텔과 바캉스를 합성해서 만든 신조어인데, 호텔에서 휴가를 보낸다는 뜻입니다.
ホカンスとは、ホテルとバカンスを合成して作った造語で、ホテルで休暇を過ごすという意味です。

② 설이나 추석같은 큰 명절 연휴 때 주부들은 정신적, 육체적으로 스트레스를 많이 받게 되는데, 이를 해소하기 위해 호캉스를 선택하는 것 같습니다.
旧正月や秋夕のような大型の祝日連休のとき、主婦は精神的、肉体的にストレスをたくさん受けるようになりますが、これを解消するためにホカンスを選択するようです。

(2) ① 부대시설 ② 숙박 ③ 느긋하게 ④ 가성비 ⑤ 코로나 블루

가 : 両親の結婚記念日の贈り物を贈って差し上げたいのですが、何が良いでしょうか？
나 : 最近流行しているホカンスはどうですか？　良いホテルで、付帯施設を利用して休むことだそうです。
가 : そういうものもあるんですか？　ホテルなのに宿泊が目的ではないのですね？
나 : そうなんです。価格も手頃でゆっくり休息も取れるので良いそうです。
가 : いいですね。コスパも良くてどこか旅行先を回って疲れることもないですし。
나 : 私も最近コロナブルーのせいなのか憂鬱になっているのでホカンスでも行きたいですね。

그루밍족이 늘어난다
グルーミング族が増える

日本語訳

　ビューティー業界に新しい風が吹いている。ルックス管理に関心が高く、惜しみなく投資する男性を称する「グルーミング族」が増加するとともに、彼らを新たなターゲットとした多様な男性化粧品と美容機器が登場し始めた。

　あるモバイルリサーチにおいて、2020年、20～49歳の男性750人を対象に調査した結果によると、使用するビューティー製品の個数が増えて、過半数がスキンケアをすることが分かった。年齢別に見ると、20代男性は毛穴の黒ずみや肌トラブルに関連した悩みが多い反面、40代男性は乾燥と肌の弾力低下、しわを悩むケースが多かった。年代が低いほど、スキンケアと自己管理に対する関心が高く、20～30代の回答者、2人のうち1人はスキンケア、および施術経験があると回答した。

　このようにスキンケアに対する関心が高まっているが、まだ女性と比較して皮膚科やエステに行くより、ホームケアを利用する男性が多い傾向である。今年のバレンタインデーには男性化粧品以外に、ホームケア用品の売れ行きが良くなったのもこれを反映している。

1　(1)③
　　(2)①
　　　　① ルックス管理に関心が高い男性を狙ったビューティー製品が登場した。
　　　　② 男性は年代が低いほど肌の老化に悩むケースが多い。
　　　　③ アンケートに応じた男性2人のうち1人はスキンケアと施術経験があると言った。
　　　　④ 今年のバレンタインデーには、男性化粧品よりホームケア用品の売れ行きが良かった。

3　(1)① 외모 관리　　男性の中にはルックス管理に関心が高い人もいる。
　　　② 그루밍족　　ルックス管理のために惜しみなく投資する男性をグルーミング族という。
　　　③ 과반수　　あるモバイルリサーチによると、20歳から49歳の男性の過半数が、スキンケアをしているという。
　　　④ 건조함　　エアコンの風が原因で、肌の乾燥が次第にひどくなる。
　　　⑤ 판매율　　ひときわ暑かった今年の夏、エアコンの売れ行きは去年の2倍に跳ね上がった。

　　(2)① 읽기 시작했는데　　初めて韓国の小説を読み始めたのだが、辞書を見ながら読んでいるので、さほど難しくなかった。
　　　② 빠를수록　　締め切りまで時間が差し迫っているので、作業は早いほど良いです。
　　　② 많은 반면에　　韓国の北部は山岳地帯が多い反面、南西部は平野地帯が多い方です。

テーマ
01
テーマ
02
テーマ
03
テーマ
04
テーマ
05
テーマ
06
テーマ
07
テーマ
08
テーマ
09
テーマ
10
テーマ
11
テーマ
12
テーマ
13
テーマ
14
テーマ
15
テーマ
16
テーマ
17
テーマ
18
テーマ
19
テーマ
20

(3) 解答例

외모 관리에 관심이 많은 남성들을 일컫는 '그루밍족'이 늘어나면서 뷰티업계에서는 이들을 타겟으로 화장품과 홈케어 디바이스 등 다양한 미용 관련 상품을 내놓기 시작했다.

(**2** 日目)

3 **(1) 解答例**

① 외모 관리에 관심이 많고 그것에 아낌없이 투자하는 남자를 일컬어 그루밍족이라고 합니다.

ルックス管理に関心が高く、それに惜しみなく投資する男性を称してグルーミング族と言います。

② 20대 남성은 블랙헤드나 피부 트러블에 대한 고민이 많고 40대 남성은 건조함과 피부 탄력 저하, 그리고 주름을 고민하는 경우가 많다고 합니다.

20代男性は毛穴の黒ずみや肌トラブルに対する悩みが多く、40代男性は乾燥と肌の弾力低下、そしてしわを悩むケースが多いそうです。

(2) ① 피부 관리 ② 아낌없이 ③ 에스테틱 ④ 탄력 ⑤ 주름

가 : ガンテさんもスキンケアなさるんですか？

나 : もちろんです。化粧品には惜しみなく投資します。

가 : おー、グルーミング族でいらっしゃいますね。エステにも通われるんですか？

나 : いいえ、そこまではできず、ただ家でケアする程度です。

가 : われわれの年齢になると、男性でも女性でも、肌の弾力としわが一番の悩みでしょう。

나 : その通りです。だからスキンケアは早く始めるほど、良いのです。

テーマ13
화폐의 도안
貨幣の図案

〔 1日目 〕 日本語訳

　貨幣の図案として最も多く使われる素材は人物の肖像だそうです。立派な人物を描いて初めて、紙幣の信頼度を高めることができ、他の素材より偽造が難しいからという理由もあるそうですね。

　韓国の貨幣も人物図案が多いのですが100ウォン硬貨に李舜臣※1将軍、1000ウォン札と5000ウォン札にはそれぞれ朝鮮時代の学者である李滉※2と李珥※3、1万ウォン札には世宗大王※4、5万ウォン札には李珥の母である申師任堂※5の肖像が使用されています。

　しかし世界の貨幣の中には、人物の肖像ではないものも多くあるそうですね。オランダの貨幣は、画家ゴッホの「ひまわり」を連想させるオレンジ色の華やかなデザインを使用していて、ベトナムは強烈な紅色を使用したトラの絵を、イタリアは画家カラバッジョの自画像と、彼の作品を図案として使用しました。スウェーデンの紙幣には、韓国でもアニメで放映されたことがある、スウェーデン童話、「ニルスのふしぎな旅」の一場面を描いたそうですね。

　このように貨幣のデザインはその国の文化と美学まで感じさせてくれます。日常で使用する貨幣のさりげない美しさは生活にささやかな楽しみを与えてくれることができるようですね。

※1 朝鮮時代の将軍。文禄・慶長の役で朝鮮水軍を率いて日本軍と戦い活躍した(1545-1598)。
※2 朝鮮時代の代表的儒学者(1501-1570)。
※3 이황(李滉)と並び二代儒学者と称される朝鮮時代の代表的儒学者。母は申師任堂(1536-1584)。
※4 朝鮮王朝の第4代国王。ハングルを創製した(1397-1450)。
※5 朝鮮時代の文人・画家。韓国の良妻賢母のかがみとも言われる(1504-1551)。

1　(1)③
　　　(2)②
　　　　　① 世界の貨幣の図案は人物肖像と有名画家の作品が大部分である。
　　　　　② 韓国の紙幣のデザインは人物図案が多い。
　　　　　③ オランダとベトナムの貨幣は白黒であるが強烈な印象を与える。
　　　　　④ 世界各国の貨幣のデザインを鑑賞するというのは、ささやかな楽しみを与えてくれることである。

3　(1)① 신뢰도　　　今度の政策が失敗すると、政府に対する信頼度が落ちるだろう。
　　　　② 위조　　　　本で読んだのですが、偽造紙幣を見つけ出す方法もいろいろあるんですよ。
　　　　③ 초상　　　　韓国の貨幣図案の特徴は人物の肖像が多いということだ。
　　　　④ 연상시켰다　昨年、パリで見たセーヌ川はソウルの漢江を連想させた。
　　　　⑤ 자화상　　　自らの顔を描いた絵を自画像と言う。

(2) ① 좋고요   私はBTSのファンです。歌も<u>良い</u>ですし、息の合ったダンスもとてもすてきです。

   ② 온 적이 있는   ここは以前に一度<u>来た</u>ことがある場所なので、見覚えがありますね。

   ③ 일어나야   毎日朝6時に<u>起きない</u>と定時に地下鉄に乗れません。

(3) 解答例

화폐의 도안은 신뢰도와 위조 방지를 위해 인물 초상이 가장 많이 사용되고 있다. 하지만 세계의 화폐 중에는 인물 초상이 아닌 것도 많으며 이런 다양한 화폐의 디자인은 그 나라의 문화와 미학까지 느끼게 해 준다.

テーマ 01
テーマ 02
テーマ 03
テーマ 04
05
テーマ 06
テーマ 07
テーマ 08
テーマ 09
10
テーマ 11
テーマ 12
テーマ 13
テーマ 14
テーマ 15
テーマ 16
テーマ 17
テーマ 18
テーマ 19
テーマ 20

2 日目

3 (1) 解答例

   ① 화폐에 훌륭한 인물을 넣어야 지폐의 신뢰도가 높아지고 다른 소재보다 위조가 어렵기 때문이라고 합니다.
   貨幣に立派な人物を入れてこそ、紙幣の信頼度が高まり、他の素材より偽造が困難であるからだそうです。

   ② 천 원권에는 이황, 오천 원권에는 이이, 만 원권에는 세종대왕, 오만 원권에는 신사임당의 초상이 사용되고 있습니다.
   1000ウォン札には李滉、5000ウォン札には李珥、1万ウォン札には世宗大王、5万ウォン札には申師任堂の肖像が使用されています。

(2) ① 도안 ② 인물 초상 ③ 학자 ④ 방영된 ⑤ 화가

   가 : 韓国旅行のときに使っていて残った紙幣なんですが、よく見ると<u>図案</u>が本当にきれいですね。

   나 : ところで、韓国の紙幣には<u>人物肖像</u>が多いので、デザインが多様ではないようです。

   가 : そうですか？　ところでこの5万ウォン紙幣の人物は誰ですか？

   나 : この人物は朝鮮時代の<u>学者</u>、李珥の母となる申師任堂です。

   가 : あ、ドラマでも<u>放映</u>されたことがありますよね？　そうすると母と息子が紙幣のモデルになったのですね。

   나 : そうなんです。二人とも有名な人物ですね。申師任堂は<u>画家</u>としても有名な人物です。

독서치료
ブックセラピー

 は上部のテーマ見出しに付随するアイコンとして配置

（1日目） **日本語訳**

　ブックセラピーとは、精神的健康のために、本を使用する治療方法を意味する。Bibliotherapy（ブックセラピー）という言葉は、biblion（本）とtherapeia（病を治す）という、ギリシャ語に由来する。古代の最も古い図書館であるテーベの図書館には「霊魂を癒やす場所」という看板があり、アレクサンドリアの図書館では、本を「霊魂を癒やす薬」と呼ぶこともあった。

　これは現代において、図書資料に内在した考えが読者の精神的で心理的な疾病を治療するのに助けになるという考えにつながった。本を読むことで得られる効果は多様な年齢と階層で現れている。

　ある短期大学で実施されたブックセラピープログラムは、自尊感情が弱い在学生を対象に実施された。プログラム最終日、参加者は自分を新たに見つめるようになったと言い、満足感を示した。天安市のある刑務所で実施されたブックセラピープログラムは、対象者の反響が良いため、2017年から毎年行っている。その他にも、自殺未遂をした、ある女子高生は詩と小説を通したブックセラピーを重ねた結果、自分の人生を積極的に計画しようという意志を示すようになったと言う。

1　(1)②
　　　(2)②
　　　　① ブックセラピーは心の病だけでなく、体の病まで治療できる。
　　　　② 読書を通して精神的な病を治療するという概念は古代からあった。
　　　　③ ブックセラピーの効果は若い層で、より確実に現れる。
　　　　④ ブックセラピーには主に詩と小説が活用される。

3　(1)① 치료　　　　歯が痛いときは必ず治療を受けなくてはいけません。
　　　　② 호응　　　　彼はファンの反応が予想外に大きくて胸がいっぱいだと言う。
　　　　③ 만족감　　　やっている仕事に満足感を感じる人は幸福な人である。
　　　　④ 질병　　　　インフルエンザ、新型インフルエンザなどは冬に発生しやすい疾病である。
　　　　⑤ 거듭하면　　どんなに大変でも、努力を重ねれば成功できます。

　　　(2)① 결혼하는 데　　最近の若者は結婚のためにお金をあまり使わないそうです。
　　　　② 움직임으로써　　指をたくさん動かすことで頭脳の発達を助けることができます。
　　　　③ 하려는　　　　　短期間にダイエットをしようとする人に良いというのでサプリメントを買いましたが、効果が全くありません。

(3)解答例

독서치료란 정신적 건강을 위해 책을 사용하는 치료법이다. 독서치료의 효과는 연령과 계층을 불문하고 나타나고 있으며, 치료를 받은 많은 사람들이 자신의 삶을 긍정적으로 바라보게 되었다.

2 日目

3　(1)解答例

① 독서치료란 정신적 건강을 위해 책을 사용하는 치료 방법을 말합니다. '책'을 의미하는 'biblion', '병을 고치다'를 의미하는 'therapeia'라는 그리스어에서 유래한 말입니다.

ブックセラピーとは、精神的健康のために本を使用する治療方法を言います。「本」を意味する'biblion'、「病を治す」を意味する'therapeia'というギリシャ語に由来した言葉です。

② 자존감이 약한 재학생들에게 독서치료 프로그램을 실시한 결과 참가자들이 자신을 새롭게 바라보게 되었다고 합니다.

自尊感情が弱い在学生にブックセラピープログラムを実施した結果、参加者が自分自身を新たに見つめるようになったそうです。

(2)① 독서치료　② 유래한　③ 치유되는　④ 효과　⑤ 만족도

가：ビブリオセラピー？ それ何ですか？

나：あぁ、ブックセラピーと言って、ギリシャ語に由来した言葉です。

가：つまり、今はやりのアロマセラピーのようなものですか？

나：はい。アロマの香りで精神が癒やされるように、読書にもヒーリング効果があるということですね。

가：ここに精神科の医師が推薦するヒーリング本が紹介されていますね。

나：この『幸福の条件』という本、超おすすめです。読者の満足度が高い本です。

テーマ 01
テーマ 02
テーマ 03
テーマ 04
テーマ 05
テーマ 06
テーマ 07
テーマ 08
テーマ 09
テーマ 10
テーマ 11
テーマ 12
テーマ 13
テーマ 14
テーマ 15
テーマ 16
テーマ 17
テーマ 18
テーマ 19
テーマ 20

テーマ 15

교복의 역사
制服の歴史

(1 日目) 日本語訳

　韓国最初の制服は1886年梨花学堂の深紅色のチマチョゴリで、ロシア製の赤い木綿で製作された。女学生はこの制服を着て、髪の毛は長く編んだり、編んだ髪を頭の上に巻いた髪型をしたりした。

　洋装の制服は1907年、淑明女学校が初めて採択したが、紫色のワンピースにピンク色の校帽という女性らしいヨーロッパ風の洋装スタイルが当時にはあまりに革新的だという理由で3年後に紫色のチマチョゴリに変えられた。以後本格的に洋装を制服として着るようになったのは1930年代に入ってからで、1940年代には第2次世界大戦の影響で国民服のような形態に変わるなどした。

　制服のスタイルは大小の変化を経て、1983年になると中高生の制服ならびに頭髪自由化が推進され、制服自由化の時期を迎えることになる。以後、どれほどもたたないうちに、生活指導が困難になった上に家計負担が増加したなどの理由で、再び制服を着用するようになり、現在まで続いている。

　最近では学生の間で制服を短く、タイトに着るスタイルが人気を集めたこともあったが、学生の成長発達の妨げになるという点を反映して、ソウル市教育庁は、楽な制服の世論形成を進めているところだ。

1　(1)④
　　　(2)③
　　　　① 初めて制服ができた時、女学生の頭はストレートヘアを長く下ろしたスタイルであった。
　　　　② 韓服ではない制服スタイルは淑明女学校で採択した後、現在まで続いている。
　　　　③ 制服自由化の時期は保護者の経済的な負担等の理由で長く続かなかった。
　　　　④ 最近の制服は着心地が悪いため、楽なスタイルの制服に変わりつつある。

3　(1)① **최초**　　　韓国人で最初にミニスカートをはいた人が誰かご存じですか？
　　　　② **본격적**　　昨日から本格的にダイエットを始めました。
　　　　③ **자율화**　　1983年に制服自由化が施行されたが、3年後から学校長の裁量に任せられた。
　　　　④ **교체되었다**　3年前のキャンドル集会によって政権が交代した。
　　　　⑤ **성장 발달**　チョコレートに入っているカフェインは子どもの成長発達の妨げになる。

(2)① 새우곤 했는데　学生のときは徹夜もよくすることがありましたが、今は夜になると
　　　　　　　　　すぐ目が勝手に閉じます。

　　② 맛있는 데다가　サムギョプサルはおいしい上に価格も安いので、飲み会のときよく
　　　　　　　　　食べるでしょ。

　　③ 여성스러운　おとなしくて女性らしいタイプより、自己主張がはっきりしている方
　　　　　　　　　が魅力的である。

(3) 解答例

한국 최초의 교복은 치마저고리 스타일이었고 이후 양장에서 한복으로 다시 바뀌
는 등 많은 변화를 겪었다. 교복 자율화 시기를 거쳐 현재에는 교복 착용이 일반적
이고, 최근에는 학생의 성장 발달을 위해 편안한 교복의 공론화를 진행 중이다.

（**2** 日目）

3 **(1) 解答例**

　　① 한국 최초의 교복은 1886년 이화학당의 다홍색 치마저고리인데 러시아제 목
　　　면으로 제작되었다고 합니다.
　　　韓国最初の制服は1886年、梨花学堂の深紅色のチマチョゴリですが、ロシア製の木
　　　綿で製作されたそうです。

　　② 학생들 사이에서는 짧고 타이트한 스타일이 인기를 끌기도 했지만 학생의
　　　성장 발달에 저해된다는 점을 반영해서 편안한 교복의 공론화가 진행 중이
　　　라고 합니다.
　　　学生の間では短くてタイトなスタイルが人気を集めたりもしましたが、学生の成長
　　　発達の妨げになるという点を反映して、楽な制服の世論形成が進んでいるそうです。

(2)① 두발 자유화　**②** 자율화　**③** 생활지도　**④** 가계 부담　**⑤** 공론화

　　가 : 우리 딸이, 고등학교에 들어가면 제복을 완전히 미니스커트로 해서 입는다니까요.
　　　　うちの娘が、高校に入ったら制服を完全にミニスカートにして着るんですよ。

　　나 : 우리 아이도 마찬가지예요. 그 上頭髪自由化라느니 하면서, 머리카락까지 노랗게 염색해서.
　　　　うちの子も同じです。その上頭髪自由化だとか言って、髪の毛まで黄色く染めて。

　　가 : 우리 때는 치마를 길게 해서 왔지만. 제복의 스타일도 변화가 심하네요.
　　　　私たちのときはスカートを長くしてきましたが。制服のスタイルも変化が激し
　　　　いですね。

　　나 : 그래도 저는 제복이 自由化되면 좋겠다고 생각해요. 터무니없이 비싸지 않나요.
　　　　でも私は制服が自由化されたらいいと思います。とんでもなく高いではないですか。

　　가 : 自由化되면 生活指導가 곤란해져서, 家計負担이 더 증가한다는 소리도
　　　　自由化されると生活指導が困難になって、家計負担がさらに増加するという声も
　　　　あります。

　　나 : 어쨌든, 싸고 편한 제복의 世論形成이 더 활발해지면 좋겠네요.
　　　　とにかく、安くて楽な制服の世論形成がさらに活発になったらいいですね。

テーマ 01
テーマ 02
テーマ 03
テーマ 04
テーマ 05
テーマ 06
テーマ 07
テーマ 08
テーマ 09
テーマ 10
テーマ 11
テーマ 12
テーマ 13
テーマ 14
テーマ 15
テーマ 16
テーマ 17
テーマ 18
テーマ 19
テーマ 20

노모포비아
ノモフォビア

1日目 日本語訳

ノモフォビア（Nomophobia）とは、ノー（no）とモバイルフォン（mobile phone）、恐怖を意味するフォビア（phobia）の合成語で、携帯電話がないと不安を感じる症状を意味する。米国人の66%がこれに該当し、科学技術情報通信部の調査結果によると、韓国人スマホ利用者の5人中1人が「スマホ依存リスク群」ということが明らかになった。依存し過ぎることによる弊害はドライアイ、ストレートネックなど、身体的な問題はもちろん、集中力低下、睡眠障害、うつ病などの精神的問題にまでつながる可能性がある。

英国の日刊紙、『ガーディアン』は「静けさ」が次世代のぜいたく品になりつつあるとしながら、最高級リゾートでデジタル機器から距離を置く商品を、先を競って売り出している実情を紹介した。日常で静けさのぜいたくを楽しめないとすると、寝るときや運転するときなどの一定の時間、携帯電話の電源を切っておくとか、携帯電話なしで散歩してみることもノモフォビアを予防する良い方法ではないだろうか？

「誰もがiPad一つずつは持たなくてはならない時代が来る」と主張したスティーブ・ジョブズでさえ、実際に自分の子どもたちにはiPad使用を禁止したそうである。スマホの奴隷にならないように賢明な方法を見出さなくてはならないときである。

1 (1)①
  (2)②
  ① 韓国人のスマホ利用者の5人中1人が身体的な問題と精神的な問題を経験している。
  ② 最近高級リゾートではデジタル機器なしで静かに休める商品を売り出している。
  ③ デジタル機器の使用を減らすために携帯電話なしで散歩することが最も効果的な方法である。
  ④ スティーブ・ジョブズは自分の子どもが携帯電話への依存症状を見せるとiPad使用を禁止した。

3 (1)① 합성어　　「ノモフォビア」はまた何の単語の合成語ですか？
  ② 과의존　　スマホがないとき、不安を感じるほどであれば、スマホ依存症状ではないでしょうか？
  ③ 거북목　　スマホばかりじっと見つめていて、首が前に曲がる症状をストレートネック症候群という。
  ④ 집중력　　睡眠不足だからそうなのか、集中力が落ちる。
  ⑤ 앞다투어　　公園はわれ先にと咲き始める春の花で満ちていた。

テーマ 01
テーマ 02
テーマ 03
テーマ 04
05
テーマ 06
テーマ 07
テーマ 08
テーマ 09
テーマ 10
テーマ 11
テーマ 12
テーマ 13
テーマ 14
テーマ 15
テーマ **16**
テーマ 17
テーマ 18
テーマ 19
テーマ 20

(2) ① 들리도록　　全員に聞こえるように大きな声で話してくださいますか？

　　② 붙여 두었다　インテリアを兼ねて部屋に大きな世界地図を貼っておいた。

　　③ 건강하다면　私もあなたみたいに健康ならいいのに。

(3) 解答例

휴대전화가 없으면 불안을 느끼는 증상을 겪는 사람이 늘어나고 있다. 휴대전화 과의존은 신체적인 문제와 정신적인 문제를 일으킬 수 있다. 스마트폰의 노예가 되지 않도록 현명한 예방 방법을 찾아야 한다.

(**2** 日目)

3 **(1) 解答例**

① 안구건조증이나 거북목 등의 신체적인 문제, 그리고 집중력 저하, 수면장애, 우울증 등의 정신적인 문제가 있습니다.

ドライアイやストレートネックなどの身体的問題、そして集中力低下、睡眠障害、うつ病などの精神的な問題があります。

② 잠잘 때나 운전할 때는 휴대전화의 전원을 꺼 두거나 휴대전화 없이 산책하는 것도 좋은 방법입니다.

寝るときや運転するときは携帯電話の電源を切っておいたり、携帯電話なしで散歩したりするのも良い方法です。

(2) ① 증상　② 의존하고　③ 노예　④ 조차　⑤ 사치품

　가 : ノモフォビア？　それはまたどういう意味ですか？

　나 : 携帯電話がないと不安を感じる症状を言うものです。

　가 : そういえばわれわれは過度に携帯電話に依存して暮らしているようです。

　나 : 階段を降りるときまで携帯をいじる人を見るとスマホの奴隷になったようですしね。

　가 : スティーブ・ジョブズさえ、子どもたちにはiPadの使用を禁止したというではないですか。

　나 : 今では「静けさ」がぜいたく品ですね。スマホがない世の中に戻りたいです。

트랜스젠더
トランスジェンダー

1日目 日本語訳

トランスジェンダーとは、身体的な性別と自分が認識する性別が一致しない人を意味する。

2019年、陸軍服務中、男性から女性に性転換手術を受けた下士、ピョンさんは、手術後にも女性軍人として服務したいという希望を明らかにした。しかし彼女の請願が受け入れられることはおろか、陸軍本部はピョンさんを強制転役させ、軍人として残りたかった彼女の希望はかなえられなかった。

淑明女子大では性転換手術を受けて裁判所の性別訂正許可を受けた受験生が合格した。しかし淑明女子大の一部学生と、卒業生の激しい反発と、入学に対する賛否の論争が続いたせいで、結局彼女は淑明女子大の入学手続きを諦めざるを得なかった。

このような現実に対して、ある法学専門大学院の教授は、「トランスジェンダーに対する集団差別と暴力にどの公共機関も積極的に関与しなかったという事実が、韓国社会の人権意識を赤裸々に見せてくれる。憲法は基本権を保障するが、現実で差別を防ぐための法的土台がない状況」であると述べ、国会が包括的差別禁止法を制定して差別を禁止する指針を作ることを促した。

1 (1)④
(2)③
　① トランスジェンダーとは、身体的な性別と自分が認識する性別が異なるため性転換手術を受けた人を意味する。
　② 女性への性転換手術を受けた下士、ピョン氏は、転役したかったが、受け入れられなかった。
　③ 性転換手術後、性別訂正許可を受けた受験生が女子大に合格したが、入学できなかった。
　④ 韓国の憲法は差別禁止法を制定しているが、現実的な差別を防げない状況である。

3 (1)① 전역한다　私の推しの歌手が、明日になれば軍の服務を終えて除隊する。
　② 찬반 논란　性転換手術を受けた女子学生の入学に対する賛否の論争が続いている。
　③ 적나라하게　この映画は現代社会の問題点を赤裸々に見せてくれている。
　④ 동문　同じ学校を卒業した人を同窓生と言う。
　⑤ 포기했다　彼女は両親の反対で留学を諦めた。

テーマ 01
テーマ 02
テーマ 03
テーマ 04
05
06
07
08
テーマ 09
10
11
テーマ 12
13
14
テーマ 15
16
テーマ **17**
18
テーマ 19
20

(2)① 할 수밖에 없었다　当時は就職があまりにも困難だったので、短期アルバイトを
せざるを得なかった。

　　② 이익을 보기는커녕　良い会社に投資をしたが、利益を得るどころか元金まで失った。

　　③ 오는 바람에　チケットを購入するのが難しい公演だったのに、友達が遅れ
て来たせいで前の部分を見られずとても残念です。

(3)解答例

헌법은 국민의 기본권을 보장하지만 트랜스젠더에 대한 차별을 막을 수 있는 법적
토대는 없는 상황이다. 이들에 대한 차별금지법을 제정하고 지침을 시급히 만드는
일이 요구되고 있다.

2 日目

3　**(1)解答例**

　　① 대학의 일부 학생과 동문의 거센 반발, 그리고 입학에 대한 찬반 논란이 이어
졌기 때문에 결국 그녀는 대학 등록을 포기했습니다.
大学の一部学生と卒業生の激しい反発、そして入学に対する賛否の論争が続いたた
めに、結局彼女は大学の入学手続きを諦めました。

　　② 트랜스젠더에 대한 차별을 막기 위한 법적 토대가 없는 상황이므로 국회가
포괄적 차별금지법을 만들고 차별을 금지하는 지침을 만들 것을 촉구했습니
다.
トランスジェンダーに対する差別を防ぐための法的土台がない状況のため、国会が
包括的差別禁止法を作り、差別を禁止する指針を作ることを促しました。

(2)① 트랜스젠더　② 반발　③ 포기할　④ 성전환 수술　⑤ 강제 전역

　　가 : 韓国の、ある女子大でトランスジェンダーの受験生が合格したそうですね。

　　나 : まあ。それで入学したんですか?

　　가 : いいえ。周りの激しい反発で、入学を諦めざるを得なかったそうですよ。

　　나 : それはとてもお気の毒でしたね。

　　가 : はい。それに陸軍男性が女性に性転換手術を受けたのに強制転役されたそうです。

　　나 : どの国も性別問題に対してもう少し寛大な社会になったらいいですね。

인공지능과 미래의 직업
人工知能と未来の職業

1日目 **日本語訳**

　2018年、日本の東京都多摩市市長選挙にAI候補が出馬して大きな話題になったことがあります。落選はしましたが、AI政治家というものはついこの間まで想像もできなかったことですよね。

　しかし、AIはすでにわれわれの日常生活のさまざまな場所に関係しています。AIを利用した無人決済システムもそのうちの一つです。emart24無人決済ストアは特別な決済手続きなく、製品を持ってそのまま出ると自動決済されます。宅配ロボット開発企業である「ニューロ」では、消費者がアプリで呼び出せば家の前(の玄関)まで訪問し、野菜や果物などの食料品と生活必需品を提供する無人宅配自動車を開発しました。

　このようなAIによって人間の雇用が縮小するだろうと憂慮する方々もいらっしゃるでしょう。ある経済専門家によると雇用が消える分新しく創出される分野も存在するため、既存のマンパワーが新しい雇用に移行していけるよう再教育、再配置システムを整える必要があると指摘しました。

1 (1)②

　　(2)③

　　　　① 2018年に出馬したAI市長候補は市民に歓迎された。

　　　　② emart24は全ての店舗にAIシステムを導入する予定である。

　　　　③ 無人宅配自動車を利用するには関連アプリをダウンロードしなくてはならない。

　　　　④ 人々の雇用は減るが、新しい職種は生まれない。

3 (1)① **출마했지만**　彼女はソウル市長選挙に出馬したが落選した。

　　　　② **축소되는**　市の予算が縮小されたので道路整備工事が遅れている。

　　　　③ **일자리**　ソウル市は仕事の口がない青年のためのセミナーを実施した。

　　　　④ **호출했다**　政府は駐韓日本大使を大統領府に呼び出した。

　　　　⑤ **우려하는**　鳥インフルエンザの拡散を心配する畜産業者が政府に対策を要求した。

　　(2)① **할 수 없었던**　カード1枚で全ての決済をするシステムは、昔は想像もできなかったことだ。

　　　　② **나쁘기는 하지만**　その学生は試験の点数が悪くはあるが、内容は理解している。

　　　　③ **먹는 만큼**　私は食べる分だけ太る体質なので、ダイエットするのがとても大変だ。

テーマ 01
テーマ 02
テーマ 03
テーマ 04
テーマ 05
テーマ 06
テーマ 07
テーマ 08
テーマ 09
テーマ 10
テーマ 11
テーマ 12
テーマ 13
テーマ 14
テーマ 15
テーマ 16
テーマ 17
テーマ **18**
テーマ 19
テーマ 20

(3)解答例

AI는 이미 우리의 일상생활에 관계하고 있다. 무인 결제 시스템도 그중 하나이다. AI로 인해 일자리가 축소될 것을 우려하는 사람도 있지만 창출되는 분야도 존재하므로 기존 인력에 대한 재교육과 재배치 시스템을 갖출 필요가 있다.

(**2** 日目)

3 **(1)解答例**

① 이마트24의 무인 결제 스토어, 그리고 소비자가 앱으로 호출하면 집까지 찾아와 식료품과 생필품을 제공하는 무인 택배 자동차가 있습니다.
emart24の無人決済ストア、そして消費者がアプリで呼び出せば家まで訪問してきて、食料品と生活必需品を提供する無人宅配自動車があります。

② AI로 인해 사람의 일자리가 축소된다고 해도 새로 창출되는 분야도 존재하므로 인력의 재교육, 재배치 시스템을 갖출 필요가 있다고 지적했습니다.
AIによって人の雇用が縮小されるとしても新しく創出される分野も存在するのでマンパワーの再教育、再配置システムを整える必要があると指摘しました。

(2) ① 상상도 할 수 없었던　② 무인 결제 시스템　③ 식료품
④ 일자리　⑤ 사라지는 만큼

가 : 多摩市でAIが市長選挙に出馬したそうです。

나 : はい、落選はしたのですが、昔であれば<u>想像もできなかった</u>ことでしょ。

가 : emartにはAIを利用して自動で決済する<u>無人決済システム</u>もできたそうです。

나 : 私も聞きました。それから無人宅配自動車というものもありますが、アプリで呼び出せば家の玄関まで野菜や果物のような<u>食料品</u>を持ってきてくれるそうです。

가 : 楽は楽ですが、AIのせいで人々の<u>雇用</u>がなくなったらどうしましょう？

나 : なくなる職業も多くあるでしょう。しかし職業が<u>消える分</u>、また別の職業も生まれないでしょうか？

미세먼지 측정 위성 '천리안 2B호'

PM2.5 測定衛星「千里眼2B号」

1日目 日本語訳

　長年開発を重ねた末に、国内技術で誕生した静止軌道海洋環境衛星「千里眼2B号」が、南米のギアナ宇宙センターから発射された。発射31分後に発射体から衛星が分離され、続いてオーストラリアにある地上局と初交信に成功した。

　千里眼2B号は衛星本体を韓国の技術で作った「国産静止軌道衛星」である。地球の自転と同じ速度で回るので、静止したように見える。静止軌道上に落ち着いた後、さまざまな調整過程を正常に終えれば、大気環境情報は2021年から、海洋情報は2020年10月からサービスが可能になる。

　2B号は世界で初めて、静止軌道からPM2.5など、大気汚染物質濃度を観測できる衛星である。観測範囲は中国と日本、インドネシア北部とモンゴル南部に至るアジア地域である。これを通してアジアのどの地域からPM2.5が生成、発達し、どんな経路で韓国に移動して影響を及ぼすのか、また国内のどの地域から高濃度のPM2.5が生成されたのかなどを確認できるものと期待される。

1　(1)①
　　　(2)④
　　　　　① 千里眼2B号が発射された後、すぐに大気環境情報提供サービスが実現した。
　　　　　② 千里眼2B号は地球が太陽を回る速度で回るので、静止したように見える。
　　　　　③ 千里眼2B号の観測範囲はオーストラリアとアジアを含む地域である。
　　　　　④ 千里眼2B号を通してPM2.5の発生場所と流れが分かるようになる。

3　(1)① 영향　　　　今度の論文は学界に大きな影響を与えた。
　　　　② 토종　　　　サムゲタンはやはり韓国産の鶏で作ってこそおいしいです。
　　　　③ 자전　　　　地球が1日に一周ずつ回転する現象を地球の自転という。
　　　　④ 오염　　　　酸性雨は中国から飛んでくる汚染物質がその原因のうちの一つだという。
　　　　⑤ 관측하기　　千里眼2B号は地球の大気汚染を観測するために発射された衛星である。

　　　(2)① 걸리는지　　京都まで新幹線で大体どれくらいかかるか教えてもらえますか？
　　　　② 고심한 끝에　数カ月間、悩んだ末に、今日辞表を出した。
　　　　③ 기부하기 때문에　その歌手は災害があるたびに寄付するので、「寄付天使」と呼ばれています。

(3) 解答例

국내 기술로 개발된 해양 환경 위성 <천리안 2B 호>는 정지궤도에서 대기 오염 정도를 관측할 수 있는 세계 최초의 위성이다. 관측 범위는 아시아 지역이며 이를 통해 미세먼지의 생성과 발달 등에 관한 정보를 확인할 수 있을 것으로 기대된다.

(2 日目)

3 (1) 解答例

① 천리안 2B 호는 남아메리카의 기아나 우주센터에서 발사되었습니다.
千里眼2B号は南米のギアナ宇宙センターから発射されました。

② 이 위성은 미세먼지와 같은 대기 오염 물질의 농도를 관측할 수 있는데 관측 범위는 중국과 일본, 인도네시아 북부와 몽골 남부에 이르는 아시아 지역입니다.
この衛星はPM2.5のような大気汚染物質の濃度を観測できますが、観測範囲は中国と日本、インドネシア北部とモンゴル南部に至るアジア地域です。

(2) ① 미세먼지 ② 확인할 ③ 대기환경 ④ 국내 기술 ⑤ 정지궤도

가 : 最近PM2.5のせいで、空がものすごくかすんでいます。
나 : このようなPM2.5がどこから発生するのかを確認できる衛星が発射されたことをご存じですか?
가 : はい。千里眼2B号のことですよね? 大気環境の情報を伝えてくれるなんて、楽しみですね。
나 : 2B号は国内技術で誕生したそうですね?
가 : そうなんです。世界で初めて、静止軌道から大気汚染物質の濃度を観測できるそうです。
나 : いずれにしても、一日も早くPM2.5問題が解決したらいいですね。

テーマ 01
テーマ 02
テーマ 03
テーマ 04
テーマ 05
テーマ 06
テーマ 07
テーマ 08
テーマ 09
テーマ 10
テーマ 11
テーマ 12
テーマ 13
テーマ 14
テーマ 15
テーマ 16
テーマ 17
テーマ 18
テーマ 19
テーマ 20

디지털 디톡스
デジタルデトックス

1日目　日本語訳

　　スマホ利用時間が増えるに従って、スマホ中毒になった人々を指し示す造語が続々と登場している。スマホに熱中しながら歩く人々をゾンビに例えて表現した「スモンビ族」、携帯電話がないと感じる不安を意味する「ノモフォビア」、デジタル機器に慣れた脳が現実に無感覚になったり、無気力になったりする現象を称する「ポップコーン脳」という造語がその例である。

　　しかし一方ではスマホばかりやっていて自分の体は粗末に扱ったという人々を中心に「デジタルデトックス」を実践する動きが現れている。デジタル機器の使用時間を減らして体と心を癒やすという意味で、「デジタル断食」や「デジタル禁食」とも言う。

　　これに足並みをそろえ、有名旅行会社やリゾートで、いわゆる「騒音デトックス」商品を売り出している。米国の経済専門誌『フォーチュン』によると、デジタルデトックスの産業規模は2015年現在100億ドルに達するほどに成長しているという。実際に、有名ホテルチェーンである「マンダリンオリエンタル」では一部スパサービスでWi-Fiや電磁波などを遮断して電子機器などの騒音をなくした商品が人気を集めていると伝えた。

1　(1)③
　　　(2)①
　　　　　① デジタル機器に慣れると、現実に無感覚になる現象が生じることもある。
　　　　　② デジタルデトックスを通して体と心の病を治療できる。
　　　　　③ 騒音デトックス商品は、デジタル機器への中毒症状を治療するのに効果的である。
　　　　　④ デジタルデトックス商品として最も有名な所は「マンダリンオリエンタル」ホテルである。

3　(1)① 소음　　　　修能（大学修学能力）英語聞き取り試験の際は試験会場周辺の騒音を最小限に抑えるようにする。
　　　　　② 열중하면서　スマホに熱中しながら歩くのは危険である。
　　　　　③ 무감각해지는　脳が現実に無感覚になる現象をポップコーン脳という。
　　　　　④ 소홀히 한　　学生の時、勉強をおろそかにしたことが後悔される。
　　　　　⑤ 차단하는　　スマホの電磁波を遮断するステッカーがあるという。

　　　(2)① 높아짐에 따라　地球の気温が高くなるにつれ、世界のあちこちで異常気象現象が起きている。
　　　　　② 보느라고　　　ドラマを見ていてチゲをすっかり焦がした。

③ 먹고 싶을 정도로　タッカンマリは毎日でも<u>食べたいくらい</u>おいしいです。

(3) 解答例

스마트폰의 사용 시간이 늘어나는 가운데, 디지털 기기의 사용 시간을 줄여 몸과 마음을 치유하려는 사람들이 등장하고 있다. 이에 따라 유명 리조트에서도 와이파이나 전자파 등을 차단하여 조용히 쉴 수 있는 상품을 선보이고 있다.

2 日目

3 **(1) 解答例**

① 디지털 기기의 사용 시간을 줄여 몸과 마음을 치유한다는 뜻입니다.
デジタル機器の使用時間を減らし、体と心を癒やすという意味です。

② 와이파이나 전자파 등을 차단하고 전자기기 등의 소음을 없앤 서비스를 말하는데 유명 호텔의 스파에서 제공하고 있다고 합니다.
Wi-Fiや電磁波などを遮断し、電子機器などの騒音をなくしたサービスを言いますが、有名ホテルのスパで提供しているそうです。

(2) ① 열중하면서　② 스몹비족　③ 중독　④ 디지털 디톡스　⑤ 팝콘 브레인

가 : あそこのスマホに<u>熱中しながら</u>歩く人たちをちょっと見てください。まるでゾンビのようです。
나 : はい。<u>スモンビ族</u>という言葉がピッタリですね。スマホをするゾンビ。
가 : 私も実はスマホ<u>中毒</u>のようです。
나 : そうだとすれば<u>デジタルデトックス</u>が必要かもしれませんね。
가 : <u>ポップコーン脳</u>になる前に早くデトックスを実践しなくてはいけないようです。
나 : 中毒ほどではないですが、私もどこかに行って騒音デトックスしたいです。

テーマ 01
テーマ 02
テーマ 03
04
テーマ 05
テーマ 06
テーマ 07
テーマ 08
テーマ 09
10
テーマ 11
テーマ 12
テーマ 13
テーマ 14
テーマ 15
16
テーマ 17
18
テーマ 19
テーマ 20

✎ 한다(ハンダ)体とは

ハンダ体とは、新聞や報告書など客観的な記述をする際に用いられ日本語 の「だ・である調」に相当する表現です。この本の多くの文章もハンダ体で書かれていますし、ハンダ体で書かせる問題を出題しています。TOPIKの作文問題を解く上でも鍵になるハンダ体を改めて確認しておきましょう。

◉ 現在形

動詞のハンダ体を作るには、語幹に－ㄴ/는다を付けます。ㄹ語幹用言はㄹを取って－ㄴ다を付けます。形容詞・存在詞・指定詞は辞書形そのままがハンダ体の形なので簡単です。しかし하다で終わる形容詞を動詞と混同して、例えば**중요하다**を**중요한다**と誤ってしまう場合が多いので注意しましょう。

사다 買う	▶	**산다**	**받다** もらう	▶	**받는다**
알다 知る	▶	**안다**	**크다** 大きい	▶	**크다**
운동하다 運動する	▶	**운동한다**	**간단하다** 簡単だ	▶	**간단하다**
학생이다 学生だ	▶	**학생이다**			

◉ 過去形

全ての品詞共通で語幹に－았/었다を付けます。指定詞이다は－었다が付くと、~였다/이었다という形になります。

가다 行く	▶	**갔다**	**예쁘다** きれいだ	▶	**예뻤다**
필요하다 必要だ	▶	**필요했다**	**의사이다** 医者だ	▶	**의사였다**
사람이다 人だ	▶	**사람이었다**			
친구가 아니다 友達ではない	▶	**친구가 아니었다**			

◉ 未来形

ハンダ体には全ての品詞共通で語幹に -(으)ㄹ 것이다、- 겠다が付きます。ただし、- 겠다や、過去の推測を表す - 았 / 었겠다は口語でしか使えず、書き言葉では -(으)ㄹ 것이다、- 았 / 었을 것이다とします。

오다 来る	▶ 올 것이다、오겠다 (口語のみ)
있다 ある、いる	▶ 있을 것이다、있겠다 (口語のみ)
먹었다 食べた	▶ 먹었을 것이다、먹었겠다 (口語のみ)

◉ 否定・不可能

ハンダ体では - 지 않다、- 지 못하다を用い、안や못はあまり使用しません。現在形で動詞の場合は - 지 않는다、- 지 못한다を付け、それ以外の品詞の場合は - 지 않다、- 지 못하다を付けます。

| 사다 買う | ▶ 사지 않는다、사지 못한다 |
| 편하다 楽だ | ▶ 편하지 않다、편하지 못하다 |

◉ 疑問形

ハンダ体では疑問形はほとんど使いませんが、「〜なのだろうか？」のように自問する際、動詞・存在詞には - 는가、形容詞・指定詞には -(으)ㄴ가を付けます。

먹다 食べる	▶ 먹는가	하다 する	▶ 하는가
높다 高い	▶ 높은가	예쁘다 きれいだ	▶ 예쁜가
손이다 手だ	▶ 손인가	아니다 〜ではない	▶ 아닌가

비벼 먹다	[비벼먹따]	混ぜて食べる	09
비용		費用	11
비유하다		例える	20
빛깔	[빋깔]	色彩	13
빡빡하다	[빡빠카다]	タイトだ、ゆとりがない	05
ㅅ 사라지다		消える	18
사상		思想	10
사치품		ぜいたく品	16
사회적		社会的	10
삶	[삼]	人生	14
상인		商人	09
새기다		刻む	13
새롭다	[새롭따]	新しい	01
생성		生成	19
생필품		生活必需品	18
생활지도		生活指導	15
섞다	[석따]	混ぜる	02
선발		選抜	03
선택하다	[선태카다]	選択する	05
선홍빛	[서농빋, 서농삗]	鮮やかな紅色	13
성별		性別	17
성장 발달	[성장발딸]	成長発達	15
성전환	[성저놘]	性転換	17
소비		消費	10
소비자		消費者	01
소소하다		ささいだ、細かだ、わずかだ	13
소음		騒音	20
소재		素材	13
소홀히 하다	[소호리하다]	おろそかにする、粗末に扱う	20
소화하다		消化する	07
속속	[속쏙]	続々と	20
수면장애		睡眠障害	16
숙박	[숙빡]	宿泊	11
순 식물성	[순싱물썽]	純植物性	10
시도		試み	14
시술		施術	12
시절		～時代、時、頃	07
식료품	[싱뇨품]	食料品	18

이어지다		つながる	14
이점	[이쩜]	利点	01
익명	[잉명]	匿名	08
익숙해지다	[익쑤캐지다]	慣れる	20
인근		近隣	09
인력	[일력]	マンパワー、人力	18
인재		人材	06
인정하다		認める、認定する	03
일대	[일때]	一帯	09
일자리	[일짜리]	仕事の口、勤め口、雇用	18
일컫다	[일컫따]	称する、名付けて呼ぶ	12
임오군란	[이모굴란]	壬午軍乱	09
입에 맞다	[이베 맏따]	口に合う	05
잉어		鯉	05

ㅈ

자극		刺激	04
자기다움		自分らしさ	03
자살		自殺	14
자전		自転	19
자존감		自尊感情	03
자체		そのもの、自体	03
자화상		自画像	13
장면		場面	13
장비		装備	06
장애인		障害者	03
장점	[장쩜]	長所	05
재학생	[재학쌩]	在学生	14
저렴하다	[저려마다]	安い、安価である	09
저하		低下	12
저해되다		妨げになる、阻害される	15
적극적	[적끅쩍]	積極的	10
적나라하게	[정나라하게]	赤裸々に	17
전문		専門	09
전분		片栗粉、でんぷん	09
전성기		全盛期	04
전시복		国民服	15
전역	[저녁]	転役、除隊	17
전자파		電磁波	20
전전하다	[전저나다]	転々とする	07

2021年2月11日　初版発行
2021年4月11日　　2刷発行

著者	キム スノク、金智英、杉山明枝
編集	松島彩
デザイン・DTP	洪永愛(Studio H2)
イラスト	任香淑(P.003〜013)
ナレーション	イ・ミンジョン、シン・ウィス、菊地信子
音声編集	爽美録音株式会社
印刷・製本	中央精版印刷株式会社

発行人　　裵正烈

発行　　株式会社HANA
　　　　〒102-0072 東京都千代田区飯田橋4-9-1
　　　　TEL：03-6909-9380　FAX：03-6909-9388

発売　　株式会社インプレス
　　　　〒101-0051 東京都千代田区神田神保町一丁目105番地

●本の内容に関するお問い合わせ先
HANA 書籍編集部　TEL: 03-6909-9380　FAX: 03-6909-9388
　　　　　　　　　E-mail：info@hanapress.com

● 乱丁本・落丁本の取り換えに関するお問い合わせ先
インプレス カスタマーセンター　　TEL: 03-6837-5016　FAX: 03-6837-5023
　　　　　　　　　　　　　　　　E-mail: service@impress.co.jp
（受付時間 10:00〜12:00、13:00〜17:30　土日、祝日を除く）
※古書店で購入されたものについてはお取り換えできません

● 書店／販売店のご注文受付
株式会社インプレス受注センター　　TEL: 048-449-8040　FAX: 048-449-8041
株式会社インプレス 出版営業部　　　TEL: 03-6837-4635